www.ingramcontent.com/pod-product-compliance
Lightning Source LLC
Chambersburg PA
CBHW080914160726
48000CB00009B/2982

ספר

עֵץ חַיִּים

לרבינו

חַיִּים וִיטַאל זַ"ל

שֶׁקִּיבֵּל מִמָרָן הָאַרִ"י זלה"ה

שַׁעַר דְּרוּשֵׁי הַנְּקוּדוֹת

שַׁעַר ח' פֶּרֶק ד'

דל"ז ע"א – דט"ל ע"א

תש"פ

SimchatChaim.com

בהוצאת

שִׂמְחַת חַיִּים

בס"ד

הקדמה

ירפא **ה**מאציל **ו**יושיע **ה**בורא את כל חולי בני ישראל, וישלח להם רפואה שלימה, רפואת הנפש ורפואת הגוף, בכל אבריהם ובכל גידיהם לעבודתו יתברך.

בי"ב במנחם אב תשס"ה, הובהלתי לבית החולים, הרופאים לא נתנו לי סיכוי לחיות יותר מכמה שעות בגלל מספר תסבוכות. עם כל זאת בזכות התפילות של בני ישראל הקדושים, ברחמיו הרבים, ריחם עלי הקדוש ברוך הוא, ונשארתי בחיים.

עם כל זאת, הובחנה אצלי מחלה קשה בכליות, ונאמר לי שהצטרך למכונת דיאליזה. בשבילי זה היה שוק!!! אף פעם לא הייתי אצל רופא, או בבית חולים. כך בעל כרחי התחברתי למכונת דיאליזה, ומכונה זאת הייתי[1] קשורה בי ככלב במשך שמונים חודשים בדיוק, כמניין **יסוד**, במשך 10-12 שעות ביום.

בשבת פרשת **ויחי יעקב** י"ב טבת תשע"ב, בזכות בני ישראל, שכולם אהובים כולם ברורים כולם גיבורים כולם קדושים... וכולם פותחים את פיהם באהבה שלוש פעמים ביום, ואומרים - **ברוך אתה... רופא חולי עמו ישראל**, וכללותם כל האברכים, תלמידי הישיבות, רבנים וחכמים, חסידים. מקובלים עם תינוקות של בית רבן, זקנים עם נערים, בחורים וגם בתולות, בארץ הקודש ובעולם. ומצד שני בנות ישראל היקרות מפז, שהתפללו וקבלו עליהם כל מיני קבלות, מהפרשת חלה עד צניעות וכיסוי הראש, עם הרבנים, המנהלים, המורים, המורות **והתלמידות של בית יעקב דטורונטו** שכל יום התפללו, וכללו בתפילתם שבקעה את כל הרקיעים אותי, ונושעתי אני הקטן. הושתלה בי כליה. והתנתקתי ממכונת הדיאליזה.

אמר המלך דוד - לולי[2] תורתך שעשעי אז אבדתי בעני. מה שנתן לי לחיות היא התורה הקדושה, בשעות הרבות שהייתי מחובר למכונת הדיאליזה)כ12 שעות ביום(, ערכתי סדרתי וכתבתי במחשב את הקונטרסים שלמדתי במשך שנים. וקונטרסים אלו הפכו לחיבור, ואחרי התלבטויות ובקשות מבני גילי, החלטתי בעזרתו יתברך להדפיס קונטרסים אלו.

ידוע הוא כי כל כל דברי האר"י זלל"ה ותלמידו נאמן ביתו, רבינו חיים ויטאל הם סתומים וחתומים באלפי שרשראות ומנעולים, והרב ז"ל גֵלָה טפח וכיסה אלפים אמה, וכלל דבריהם הוא משלים, עם כל זאת העוסק במשל פועל בעלמות העליונים בנמשל. לכן צריך זהירות גדולה לא להגשים את המשלים, בסוד המבואר בספר הזוהר הקדוש - **ועלייהו אתמר** ועליהם נאמר - **ארור האיש אשר יעשה פסל ומסכה וגומר, ושם בסתר, מאי בסתר** מהו בסתר - **בסתרו דעלמא** בסתר העולם. **ובגין דא אמר קודשא בריך הוא לא תעשון אתי** ומפני זה אמר הקדוש ברוך הוא לא תעשון אתי **אלה"י כסף ואלה"י זהב, והכי אוקמוה חבריא לא תעשון אתי כדמות שמשי שמשמשין אותי** וכך העמידוהו החברים לא תעשון אתי כדמות שמשי שמשמשים אותי **במרום, לצײרא בסתר דילי שום ציור או דמיון** לצייר בסתר שלי שום ציור או דמיון, **דכל מאן דצײר לעיל לקודשא בריך הוא** שכל מי שמצייר למעלה לקדוש ברוך הוא, **בסתר**)דאיהי שכינתיה, כלילא מעשר ספיראן שהיא שכינתו, כלולה מעשר ספיראות(, **שום ציור, וצלם, ודמות, כגוונא דמצײרין בשמשין דיליה** שמצײרים בשמשים שלו, **נשמתיה אתלבישא בההוא צלמא** נשמתו מתלבשת באותו צלם....

₁

גמרא סוטה ד"'ג ע"'ב - גמרא סוטה ד"'ג ע"'ב – רבי אלעזר אומר, **קשורה בו ככלב**, שנאמר - ולא שמע אליה לשכב אצלה להיות. עמה לשכב בעולם הזה. להיות עמה לעולם הבא.

₂

תהלים קי"'ט צ"'ב

וכן הוא בסוף ענף ד' דשער א' בספר עץ חיים שער ההקדמות, וז"ל הטהור - ואמנם דבר גלוי הוא כי אין למעלה גוף ולא כח גוף חלילה. וכל הדמיונות והציורים אלו לא מפני שהם כך חס ושלום. אמנם **לשכך את האוזן** לכשיוכל האדם להבין הדברים העליונים, הרוחניים, בלתי נתפסים, ונרשמים בשכל האנושי. לכן ניתן רשות לדבר בבחינת ציורים ודמיונים, כאשר הוא פשוט בכל ספרי הזוהר. וגם בפסוקי התורה עצמה כולם כאחד עונים ואומרים בדבר הזה, כמו שאמר הכתוב עיני הוי"ה המה משוטטים בכל הארץ. עיני הוי"ה אל צדיקים. וישמע הוי"ה. וירח הוי"ה. וידבר הוי"ה. וכאלה רבות. וגדולה מכולם מה שאמר הכתוב - ויברא אלהי"ם את האדם בצלמו בצלם אלהי"ם ברא אותו זכר ונקבה וגו'. **ואם התורה עצמה דברה כך** גם אנחנו נוכל לדבר כלשון הזה, עם היות שפשוטו הוא שאין שם למעלה אלא אורות דקים בתכלית הרוחניות, בלתי נתפסים שם כלל, וכמו שאמר הכתוב - כי לא ראיתם כל תמונה, וכאלה רבות. ואמנם יש עוד דרך אחרת כדי להמשיך ולצייר בה הדברים העליונים, והם בחינת כתיבת צורת אותיות, כי כל אות ואות מורה על אור פרטי עליון, וגם תמונת זו דבר פשוט הוא כי אין למעלה לא אות ולא נקודה, **וגם זה דרך משל וציור לשכך את האוזן** כנזכר......

ולכן כל המבואר כאן בחיבור זה הוא כדי **לשכך את האוזן**. והתרשימים שבסוף החיבור הם כדי **לשבר את העין**, לכן אין שום ביאור והסבר שלם, ואין שום תרשים שלם בתכלית השלמות.

ידוע כי[3] דברי תורה עניים במקומן ועשירים במקום אחר, **ועל אחת כמה וכמה** בדברי הרב ז"ל, שכל סוגיה חסרה[4] במקומה, וחלקיה מפוזרים במקומות אחרים. **זאת ועוד** הרב ז"ל מערבב בדרוש אחד כמה וכמה סוגיות, כאשר בפשטות דבריו נראה שכל הדרוש הוא דרוש אחד, ולא מחולק לסוגיות שונות, ושמועות שונות, **ביאור** דברי הרב ז"ל כאן הם **בעומק, והוא בעצם ליקוט** עד איפה שידי הקצרה הגיעה, מכל חלקי ספר עץ חיים, ושמונה השערים המצויינים לרב ז"ל, מבוא שערים ושאר ספרי הרב ז"ל, והוא גם על פי הקדמת רחובות הנהר למרן הרש"ש, דרושי פנימיות וחיצוניות, דרוש הדעת, סוגיות ערכין, סוגיות דכללות והתכללות, פרטות וכללות, וסוגיות עובי ואורך, ועל פי ביאור גדולי רבותינו חכמי המקובלים לדורותם זלה"ה זי"ע.

ידוע כי[5] אין בר בלי תבן, כך אין ספר בלי טעויות, ועוד יודע אני כי די ועני אני, **ואין**[6] **עני אלא בדעה.** לכן מבקש אני בכל לשון של בקשה אם יש לכל אחד שאלות, הערות, הארות, תיקונים, נא לשלוח ל - <u>book@simchatchaim.com</u> והשתדל לענות, ולתקן את הצריך תיקון.

בברכה והצלחה בלימוד התורה הקדושה

ובעיקר בפנימיות התורה, תורת האר"י הח"י.

ורפואה שלימה לכל חולי ישראל.

אח"י

3

גמרא ירושלמי, ראש השנה פ"ג הלכה ה' די"ז ע"א – דברי תורה עניים במקומן, ועשירים במקום אחר.

4

תורת חכם דע"ב ע"ב – חסר לשון הוא, כמו שיראה המעיין.

5

גמרא ברכות נ"ה א' - מה לתבן את הבר נאם ה', וכי מה ענין בר ותבן אצל חלום, אלא אמר ר' יוחנן משום ר' שמעון בן יוחאי ,כשם שאי אפשר לבר בלא תבן, כך אי אפשר לחלום בלא דברים בטלים.

6

גמרא נדרים מ"א ע"א – אין עני אלא בדעה .

ב"ה

הקדמה קצרה לחיוב לימוד תורת הקבלה

ישמחו ה**ש**מים **ו**תגל ה**א**רץ ירעם הים ומלאו. שזכינו בדור שלנו שפנימיות התורה, שהיא היא תורת הקבלה, מתפשטת לכל, וכל מקום בעולם היום לומדים בתורת הח"ן. הדור שלנו יש הרבה התעוררות ללמוד סתרי התורה הקדושה, הנקראת חכמת הקבלה. בירושלים של המאה ה18 בישיבת **בית אל** היו בקושי מנין של מקובלים, והיום תורת הקבלה מופצת בכל מקום בארץ ובעולם. לעניות דעתי אחת הסיבות העיקריות לשינוי זה הוא רצונם של בני התורה, החוזרים בתשובה ועמך לדעת את סוד החיים, למה ברא הקדוש ברוך הוא את העולם, ואת טעמי המצות, ר"ל אי אפשר היום בדור שלנו, להסביר על פי הפשט את הסיבה מדוע אסור לאכול בשר וחלב, מדוע צריך להניח תפילין, למה לשמור דוקא שבת ולא יום שלישי, אי אפשר להגיד כל הזמן **זאת גזרת הכתוב, כך רוצה הקדוש ברוך הוא**, האנשים מחפשים הסברים למצות, לסיפורי התנ"ך, לגלגולי נשמות, ועוד. ורק על ידי עסק בפנימיות התורה, אדם מסיג את ההסברים לקושיות שיש לו. **זאת ועוד** חיים אנחנו בדור של חומריות, והאנשים מחפשים את הרוחניות שבחיים, אז מה עושים, נוסעים למזרח, להודו, סין, תאילנד למצוא רוחניות, ולא יודעים **שישורש כל הרוחניות בעולם נמצאת בתורה הקדושה**, עם כל זאת כאשר הלומד את פשט התורה, **הוא לא מכיר** את הקדוש ברוך הוא, והוא בלי יראת שמים ושמחה אמתית. כותב הרב המקובל האלוה"י רבינו יהודה פתייה בפרושו הנפלא על עץ חיים - כי לימוד עץ חיים הוא עמוק מאד מאד, כי הוא **מים שאין להם סוף**, והוא קשה מאד גם לחכמים ההוגים בו תמיד, וכל שכן למתחילים. כי הוא חזק מצור, וקשה מברזל, שאי אפשר לחצוב ממנו מאומה, אם לא על ידי כלי מחצב חזקים כציפורן שמיר. וכל המתחיל בלימוד עץ חיים, אם לא יהיה לו רב, או לפחות איזה מפרש המפרש לו כוונת הפרק ההוא לפי פשוטו, נבול יבול, ואינו יכול לעמוד על הפרק כי אם לאחר יגיעה רבה, ושקידה עצומה, וכולי האי ואולי. כי הרבה פעמים יסבור המעיין שהבין העניין ההוא כראוי, ואחר שילמוד עוד איזה פרקים אחרים, ירגיש כעצמו שלא הבין את פרקים הקודמים, והניסיון יעיד על זה, עד כאן דברי קודשו. עם כל זאת חייב כל אדם לעסוק בתורת ה**ח**יים.

צדיק אתה הוי"ה וישר משפטיך. כתב הרב רבינו חיים ויטאל ז"ל בהקדמה לשער ההקדמות - והנה מה שכתב בתחילת דבריו, ואפילו כל אינון דמשתדלי באורייתא כל חסד דעבדי לגרמייהו וכו', עם היות שפשטו מבואר ובפרט בזמנינו זה, בעונותינו היום אשר התורה נעשית קרדום לחתוך בה אצל קצת בעלי תורה, אשר עסקם בתורה על מנת לקבל פרס, והספקות יתירות, וגם להיותם מכלל ראשי ישיבות, ודיני סנהדראות, להיות שמם וריחם נודף בכל הארץ, **ודומים במעשיהם לאנשי דור הפלגה הבונים מגדל וראשו בשמים**, ועיקר סיבת מעשיהם היא מה שאמר אחר כך הכתוב - **ונעשה לנו שם...** והנה על הכת הזאת אמרו בגמרא כל העוסק בתורה שלא לשמה, נוח לו שנהפכה שליתו על פניו, ולא יצא לאויר העולם. ואמנם האנשים האלה מראים תימה וענוה באמרם כי כל עסקם בתורה הוא לשמה. והנה החכם הגדול התנא רבי מאיר ע"ה העיד עליהם שלא כך הוא, באומרו לשון כללות - כל העוסק בתורה לשמה זוכה לדברי הרבה וכו', **ומגלים לו רזי תורה, ונעשה כנהר שאינו פוסק**, והולך

וכמעיין המתגבר מאליו, בלתי הצטרכו לטרוח ולעיין בה, ולהוציא טיפין טיפין של מימי התורה מן הסלע, הנה זה יורה שאינו עוסק בתורה לשמה כהלכתה, ומי זה האיש אשר לא יזלו עיניו דמעות בראותו המשנה הזאת, **ורואה חסרונו ופחיתותו**, עד כאן לשונו. לכן כל אחד צריך לטעום מעץ החיים.

חצות לילה אקום להודות לך על משפטי צדקך. כתב רבינו אליהו מני זצ"ל רבו של הרי"ח הטוב, בספרו הקדוש כסא אליהו שער ד' וז"ל - ואם זיכך הוי"ה ללמוד בחכמת האמת, הנה עצה היעוצה היא שכל סדר הלימוד בנגלה תתנהג בו ביום דווקא. **אבל בלילה תלמוד בחכמת האמת, והעיקר הלימוד אחר חצות**, כי זה הלימוד צריך ישוב דעת הרבה, וכשיקוץ האדם אז דעתו מיושבת עליו יותר. גם זה הלימוד צריך הסתר והצנע, **וכל דבר שיהיה בלילה ובפרט אחר חצות יהיה נסתר יותר מן היום**. ותעשה ועד עם החברים בבית המדרש אם הוא צנוע, **או בביתך ותלמדו בכל לילה**, עד כאן לשונו. וישב ללמוד האדם בלילה תחת עץ החיים.

קראתי בכל לב ענני הוי"ה חקיך אצרה. בהקדמה[7] לשער ההקדמות מבאר הרב ז"ל - ואמנם אל יאמר אדם אלכה לי ואעסוק בחכמת הקבלה, מקודם שיעסוק בתורה במשנה ובתלמוד, כי כבר אמרו רבינו ז"ל - אל יכנס אדם לפרדס **אלא אם כן מלא כריסו בבשר ויין**, והרי זה דומה לנשמה בלתי גוף, שאין לה שכר ומעשה וחשבון, עד היותה מתקשרת בתוך הגוף, בהיותו שלם מתוקן במצוות התורה בתרי"ג מצות. **וכן בהפך** בהיותו עוסק בחכמת המשנה והתלמוד בבלי, ולא ייתן חלק גם אל סודות התורה וסתריה, כי **הרי זה דומה לגוף היושב בחושך**, בלתי נשמת אדם נר הוי"ה המאירה בתוכה, **באופן שהגוף יבש בלתי שואף ממקור חיים**, אשר זהו ענין אומרו במקום אחר ההוא הנזכר לעיל וז"ל - דאילין אינון דעבדי לאורייתא יבשה, ולא בעאן לאשתדלא בחכמת הקבלה וכו'. באופן כי התלמידי חכמים העוסקים בתורה לשמה, ולא לשמו, לעשות לו שם. צריך שיעסוק בתחילה בחכמת המקרא, והמשנה, והתלמוד, כפי מה שיוכל שכלו לסבול. ואחר כך יעסוק לדעת את קונו בחכמת האמת, וכמו שציווה דוד המלך ע"ה את שלמה בנו - דע את אלה"י אביך ועבדהו. ואם האיש הזה יהיה כבד וקשה בענין העיון בתלמוד, מוטב לו שיניח את ידו ממנו, אחר שבחן מזלו בחכמה זאת, ויעסוק בחכמת האמת. וזה שמבואר כל תלמיד חכם שאינו רואה סימן יפה בתלמוד בחמשה שנים, שוב אינו רואה, עד כאן דברי קודשו. ומזה כל אחד ואחד חייב להדבק במקור החיים.

חסדך הוי"ה מלאה הארץ חקיך למדני. בשער הגלגולים, בקדמה ט"ז כתב הרב ז"ל - עוד צריך שתדע, כי האדם צריך לקיים כל התרי"ג מצות, במעשה, ובדבור, ובמחשבה. וכמו שאמרו ז"ל על פסוק - זאת התורה לעולה ולמנחה וכו', כל העוסק בפרשת עולה, כאלו הקריב עולה וכו'. וכוונו בזה שהאדם מחוייב לקיים כל התרי"ג מצות בדבור, וכן על דרך זה במחשבה. ואם לא קיים כל התרי"ג בשלשה בחינות הנזכרות, מחוייב להתגלגל עד שישלים אותם. **עוד דע**, כי האדם מחויב לעסוק בתורה בארבעה מדרגות, **שסימנם פרד"ס**, והם, פשט, רמז, דרוש, סוד וצריך שיתגלגל עד שישלים אותם. ובהקדמה י"ז כותב הרב ז"ל - שהאדם **מחוייב לעסוק בתורה בארבעה מדרגות שבה**, והיא זאת, דע, כי כללות כל הנשמות

ע"ח ד"א ע"ד.

הם ששים רבוא ולא יותר. והנה התורה היא שרש נשמות ישראל, כי ממנה חוצבו, ובה נשרשו. ולכן יש בתורה ששים רבוא פירושים, וכלם כפי הפשט. וששים רבוא ברמז. וששים רבוא בדרש. **וששים רבוא בסוד**. ונמצא, כי מכל פירוש מן הששים רבוא פרושים, ממנו נתהווה נשמה אחת של ישראל, ולעתיד לבא כל אחד ואחד מישראל, ישיג לדעת כל התורה כפי אותו הפירוש המכוון עם שרש נשמתו, אשר על ידי הפירוש ההוא נברא ונתהווה כנזכר. וכן בגן עדן אחר פטירת האדם, ישיג כל זה. וכן בכל לילה כאשר האדם ישן, ומפקיד נשמתו ויוצאה ועולה למעלה, הנה מי שזוכה לעלות למעלה, מלמדים לו שם אותו הפירוש, שבו תלוי שרש נשמתו. ואמנם הכל כפי מעשיו ביום ההוא, כך באותה הלילה ילמדוהו, פסוק אחד, או פרשה פלונית, כי אז מאיר בו יותר פסוק ההוא משאר הימים. ובלילה האחרת יאיר בנשמתו פסוק אחר, כפי מעשיו של אותו היום, וכולם על דרך הפירוש ההוא אשר תלויה בו שרש נשמתו כנזכר, עד כאן דברי קודשו. ור"ל שכל יהודי ויהודי חייב להשיג את שורש נשמתו, וללמוד את סוד **החיים.**

יבאוני רחמיך ואחיה כי תורתך שעשעי. מבואר במדרש משלי - אמר רבי ישמעאל, בוא וראה כמה קשה יום הדין שעתיד הקדוש ברוך הוא לדון את כל העולם כולו בעמק יהושפט. בזמן שתלמידי חכמים באים לפניו, אומר לכל אחד מהם - כלום עסקת בתורה, אמר לו הן, אומר לו הקדוש ברוך הוא הואיל והודית, אמור לפני מה שקרית, ומה ששנית בישיבה, ומה ששמעת בישיבה. מכאן אמרו - כל מה שקרא אדם יהא תפוש בידו, ומה ששנה כמו כן, שלא תשיגהו בושה ליום הדין. מכאן היה רבי ישמעאל אומר - אוי הלה לאותה בושה, אוי לה לאותה כלימה, ועל זה ביקש דוד מלך ישראל בתפילה ובתחנונים לפני המקום ואמר - הוי"ה בוקר תשמע קולי בוקר אערך לך ואצפה. בא לפניו מי שיש בידו מקרא ואין בידו משנה, הקדוש ברוך הוא הופך את פניו ממנו, ושרי גיהנם מתגברים בו כזאבי ערב, ונוטלין אותו ומשליכין אותו לתוכה. בא לפניו מי שיש בידו שני סדרים או שלושה, אז הקדוש ברוך הוא אומר לו - בני, כל ההלכות למה לא שנית אותם, ואם אומר הקדוש ברוך הוא הניחוהו, מוטב, ואם לאו עושין לו כמידת הראשון. בא לפניו מי שיש בידו הלכות, הקדוש ברוך הוא אומר לו - בני, תורת כהנים למה לא שנית, שיש בה טומאה וטהרה, וטומאת שרצים וטהרת שרצים, טומאת נגעים וטהרת נגעים, טומאת נתקים ובתים וטהרת נתקים ובתים, טומאת זבים ולידה וטהרת זבים ולידה, טומאת מצורע וטהרתו, סדר ווידוי יום הכיפורים, וגזירות שוות, ודיני ערכים, וכל דין שדנו ישראל לא דנו אלא אלא מתוכו. בא לפניו מי שיש בידו תורת כהנים, אומר לו הקדוש ברוך הוא - בני, חמישה חומשי תורה למה לא שנית, שיש בהם קריאת שמע, ותפילין, ומזוזה. בא לפניו מי שיש בידו חמישה חומשי תורה, אומר לו - בני, למה לא למדת הגדה, ולא שנית, שבשעה שהחכם יושב ודורש, אני מוחל ומכפר עוונותיהם של ישראל, ולא עוד אלא בשעה שעונין אמן יהא שמיה רבה מברך, אפילו נחתם גזר דינם אני מוחל ומכפר להם עוונותיהם. בא לפניו מי שיש בידו הגדה, אומר לו הקדוש ברוך הוא - בני, תלמוד למה לא שנית, שנאמר - כל הנחלים הולכים אל הים והים איננו מלא, זה התלמוד, שיש בו חכמות הרבה. בא מי שיש בידו תלמוד, הקדוש ברוך הוא אומר לו - בני, הואיל ונתעסקת בתלמוד, **צפית במרכבה, צפית בגאוה,** שאין הנייה בעולמי, אלא בשעה שתלמידי חכמים יושבים ועוסקים בתורה, מציצין ומביטין ורואין והוגין המון התלמוד הזה - **כסא כבודי היאך הוא עומד. רגל הראשונה במה היא משמשת, שנייה במה היא משמשת, שלישית במה היא משמשת, רביעית במה היא משמשת, חשמל היאך הוא עומד, ובכמה פנים הוא מתהפך בשעה**

אחת, לאי זה רוח הוא משמש, הברק היאך הוא עומד, כמה פנים של זוהר נראין בין כתפיו, לאיזה רוח משמש, כרוב היאך הוא עומד, לאי זה רוח הוא משמש. גדולה מכולם עיון כיסא הכבוד, היאך הוא עומד, עגול הוא כמין מלבן, ומתוקן הוא, כמה גשרים יש בו, כמה הפסק בין גשר לגשר, וכשאני עובר באיזה גשר אני עובר, ובאי זה גשר האופנים עוברים, ובאיזה גשר הגלגלים עוברים. גדולה מכולם מצפורני ועד קודקודי, היאך אני עומד, כמה שיעור בפיסת ידי, וכמה שיעור אצבעות רגלי. גדולה מכולם כיסא כבודי, היאך הוא עומד, לאיזה רוח הוא משמש, באחד בשבת לאיזה רוח הוא משמש, בשני בשבת לאיזה רוח הוא משמש, בשלישי בשבת לאיזה רוח הוא משמש, ברביעי בשבת, בחמישי בשבת, בשישי בשבת לאיזה רוח משמשין, וכי לא זהו הדרי, זהו גדולתי, זהו הדר יופי, שבניי מכיריין את כבודי במידה הזאת. ועליו אמר דוד - מה רבו מעשיך הוי"ה, כולם בחכמה עשית, מלאה הארץ קנייניך. עד כאן לשון המדרש. ממדרש זה לומדים על חובת כל אחד ואחד מישראל את לימוד כל חלקי הפרד"ס, ובעיקר את בחינת הסוד שבתורה, הנקרא[8] מעשה מרכבה, ובמעשה בראשית. ומבאר הרב בית לחם יהודה על השינוי שיש בפסוקים במעמד הר סיני, בפסוק אחד כתוב - ויחן שם **ישראל** תחת ההר. ומספר פסוקים יותר מאוחר כתוב וירא **העם** וינועו מרחק. וידוע כי כאשר כתוב בתורה **ישראל**, מדובר **בבני ישראל**, וכאשר כתוב **העם**, מדובר על **הערב רב**. וז"ל הרב בית לחם יהודה - ובזוהר בהעלותך דף קנ"ב ע"א קרי להעוסקים בחכמת האמת, אינון דהוי קיימי בטורא דסיני. וז"ל - חכימין עבדי דמלכא עלאה אינון דקיימו בטורא דסיני, לא מסתכלי אלא בנשמתא, דאיהי עיקרא דכלא אורייתא ממש וכו'. ונראה בעיני אם מותר, משמע אותן שאינן יודעים סודות התורה לא עמדו על הר סיני, עד כאן לשונו. ונראה לי בביאור כוונתו כי בתחילה כשיצאו ישראל לקראת האלהי"ם, היו מתייצבים בתחתית ההר, ואחר כך נאמר וירא העם וינועו ויעמדו מרחוק, כי היו יראים פן תאכלם האש הגדולה הזאת וימיתו. והיה מקצת מהעם שהיו ששים ושמחים לקראת השכינה, ולא רצו לזוז ממקומם הראשון, ולעמוד מרחוק, אפילו אם ימיתו ממש. ועליהם הוא מה שכתב בזוהר הנזכר - אינון דקיימו בטורא דסיני, כלומר ולא נעו ועמדו מרחוק, אלא עמדו בטורא דסיני מתחלה ועד סוף, ולכן הם זוכים לחכמת האמת. ואותם הנשמות אשר נעו עם העם ועמדו מרחוק, כן הם עושים גם עתה, שנסים ועומדים מרחוק לחכמת האמת מיראתם, פן תאכלם האש הגדולה הזאת. ולכן על כל אחד ואחד מבני ישראל הקדושים מחויב לעמוד תחת עץ החיים.

יראיך יראוני וישמחו כי לדברך יחלתי. בספר הזוהר הקדוש מבואר מדוע התפילות של בני ישראל לא נענות, וז"ל תיקוני הזוהר תיקון מ"ג - **בראשית תמן את"ר יב"ש** במלת בראשית יש אותיות את"ר יב"ש, **ודא איהו ונהר יחרב ויבש** היסוד הנקרא נהר יחרב ויבש ממי השפע, ואין לו מה להשפיע למלכות, **בההוא זמנא דאיהו יבש** באותו הזמן שהיסוד הוא יבש, **ואיהי יבשה** המלכות הנקראת יבשה, היא יבשה כי לא מקבלת שפע מהיסוד, אז כאשר **צווחין בנין לתתא** מתפללים וצועקים בני ישראל, **ביחודא ואמרין** וביחוד שאומרים בני ישראל **שמע ישראל** שיבא ז"א הנקרא ישראל להתיחד עם נוקבא בשעת התפילה דעמידה, עם כל זאת **ואין קול** של התפילה או הקריאת שמע שעוזרים לזיווג דזו"ן **ואין עונה** ואין מי שיענה וימלא את הבקשות בתפילתם. **הדא הוא דכתיב** וזהו שכתוב - **אז בני ישראל יקראונני**

בני ישראל בעת צרתם בקריאת שמע ובתפילה, **ולא אענה** ואני לא אענה אותם בתפלתם, מפני שלא לומדים ומתעסקים בפנימיות התורה. **והכי מאן דגרים דאסתלק** וכל מי שגורם הסלקות פנימיות תורת הקבלה **וחכמתא מאורייתא דבעל פה ומאורייתא דבכתב** מהתורה שבעל פה והתורה שבכתב, **וגרים דלא ישתדלון בהון** וגורמים גם לאחרים שלא יתעסקו וילמדו את חכמת הקבלה, **ואמרין דלא אית אלא פשט באורייתא ובתלמודא** ואומרים שאין בתורה ובתלמוד אלא פשט התורה, בלי פנימיות הסוד, **בודאי כאלו הוא יסלק נביעו מההוא נהר** בודאי נחשב לו כאילו הוא מסתלק את נביעת שפע החכמה והבינה מן היסוד, **ומההוא גן** ומן הנוקבא הנקראת גן, **ווי ליה** לאותו יהודי **טב ליה דלא אתברי בעלמא** טוב לו שלא היה נברא, **ולא יוליף ההיא אורייתא דבכתב ואורייתא דבעל פה** ולא היה לומד תורה שבכתב ותורה שבעל פה, כי דינו כעם הארץ שלא למד כלל, ועוד **דאתחשב ליה כאלו אחזר עלמא לתהו ובהו** שנחשב לו כאילו החזיר את העולם לתהו ובהו, ר"ל לסוד שבירת הכלים לפי שמגביר הקליפות כאשר הנהר והגן יבשים, **וגרים עניותא בעלמא ואורך גלותא** וגורם עניות בעולם ומאריך את הגלות השכינה וביאת המשיח. עד כאן דברי הזוהר הקדוש. וכותב רב חיים ויטאל זלה"ה בהקדמה וז"ל - אמנם שעשועות של הקדוש ברוך הוא בתורה, והיותו בורא בה את העולמו, היתה בהיותו עוסק בתורה בבחינת הנשמה הפנימית שבה, הנקרא - רזי תורה, הנקרא מעשה מרכבה, **היא חכמת הקבלה** כנודע אל היודעים, וטעם הדבר הוא להיותו עולם האצילות העליון מאד, טוב ולא רע, דלא יכיל להתערבא עמיה קליפה, ועליה אתמר - וכבודי לאחר לא אתן, כנזכר בספר התיקונין דף ס"ו תיקון י"ח, וכן בספר הזוהר בפרשת בראשית דף כ"ח ע"א עיין שם. ולכן גם התורה אשר שם [**אח"י** - בעולם האצילות] איננה רק מופשטת מכל לבושי הגופנים, מה שאין כן למטה בעולם היצירה, עולם דמטטרו"ן, הנקרא עבד טוב, והוא הנקרא עץ הדעת טוב מסטרא, ומסטרא דסמא"ל שהוא קליפין דיליה, **נקרא עבד רע,** כי התורה אשר שם, הם שית סדרי משנה **הנקראים שפחה** כנזכר לעיל, וכנזכר בפרשת בראשית שם דף כ"ז ע"א. ולכן נקראת משנה, לפי ששם יש שינויים הפוכים **טוב מסטרא דעבד טוב,** היתר, כשר, טהור. **רע מסטרא דעבד רע,** איסור, טמא, פסול. גם הוא מלשון כי מרדכי היהודי משנה למלך, שהיה שפחה הנקרא עבד מלך, מלך גם נקרא מלשון שינה, כנזכר בפרשת פינחס דף רמ"ד ע"ב - קם זמנא תנינא ואמר, מארי מתניתין בשמתין ורוחין ונפשין דילכון אתערו כען ואעברו שינתא מניכון דאיהו, ודאי משנה אורח פשט, דהאי עלמא ואנא לא אתערנא בכו, אלא ברזין עילאין דעלמא דאתי דאתון בהון, לא ינום ולא יישן. וזה יובן במה שמבואר יותר למעלה שם - **ורבנן דמתניתין ואמוראי, כל תלמודא דלהון על רזין דאורייתא סדרו ליה.** ונמצא כי המשנה והש"ס הם הנקרא גופי תורה. והנה דבריהם כחלום בלי פתרון, **ורזיה וסתריה הפנימים הנקרא בנשמת התורה, הם הם פתרון החלום הנפתר בהקיץ,** בסוד - אני ישנה ולבי ער, וכמו[9] שאמרו חכמים ז"ל - **במחשכים הושיבני כמתי עולם, זה תלמוד בבלי,** אשר איננו מאיר אלא על ידי ספר הזוהר, **הם הם רזי תורה וסתריה** אשר עליהם נאמר - ותורה אור. ואין ספק כי כמו שהיוצר נקראת עבד ושפחה בערך האצילות, ונקרא קליפין ולבושין דחול, כנזכר בהקדמת ספר התיקונין ד"ג ע"ב וז"ל - וביומי דחול לביש עשר כתות דמלאכיא דמשמשי לעשר ספירות דבריאה. ואם כן אין לתמוה כי התורה אשר שם שהיא המשנה, תהיה נקרא שפחה וקליפין דתורה דאצילות, וזה סוד כל הבשר חציר הנזכר

סנהדרין דכ"ד ע"א.

לעיל במאמר הראשון, כי כמו שהחטה שהיא בגימטריא כמנין כ"ב אותיות התורה, הגנוזה תוך כמה קליפין ולבושין שהם הסובין והמורסן והתבן והקש והעשב, הנקרא חציר, כן המשנה אצל סודות התורה נקרא חציר, וזה נרמז בספר הזוהר פרשת כי תצא ברעיא מהמנא דף רע"ה ע"ב - **אצל רבנן ווי לאינון דאכלין תבן דאורייתא, ולא ידעי בסתרי אורייתא, אלא קלין וחמורין דאורייתא, קלין אינון תבן דאורייתא, וחמורין אינון חטה דאורייתא, ח"ט ה' אלנא דטוב ורע וכו'**. ואלו באתי להרחיב דרוש זה לא יספיקו מאה קונטרסין בלי ספק בלי שום גוזמא, האמנם החכם עיניו בראשו כי דברי אמת אני אומר, ואל יתמה האדם בראותו ספר הזוהר איך קורא אל המשנה שפחה וקליפין, כי עסק המשנה כפי פשטיה, **אין ספק שהם לבושין וקליפין חיצונים בתכלית אצל סודות התורה הנגנזים**, ונרמזים בפנימיותה כי כל פשטיה הם בעלם הזה בדברים חומרים תחתונים..... על כן על כל בני ישראל לאכול מעץ החיים.

מה אהבתי תורתך כל היום היא שיחתי. ומבאר הרב ז"ל בהקדמה לשער המצות, כי עסק לימוד פנימיות התורה הוא חלק בלתי נפרד מתלמוד תורה, וז"ל - גם בענין עסק התורה שהיא אחת מרמ"ח מצות עשה, אם לא השלים אותה, **שהוא ענין עסקו בפרד"ס התורה**, שהוא ראשי תיבות **פשט רמז דרש סוד**, בכל בחינה מהם כפי אשר יוכל להשיג, **עד מקום שידו מגעת**, לטרוח ולעשות לו רב שילמדנו. ואם לא עשה כן, הרי חסר מצוה אחת של תלמוד תורה, שהיא גדולה ושקולה ככל המצות, וצריך **להתגלגל** עד שיטרח הארבעה בחינות של פרד"ס כנזכר. וכן מבאר הרב בית לחם יהודה בהקדמתו הקדושה, וז"ל - ומה מאד נמלצו [**אח"י** - מלשון מליצה] בזה דברי הנביא ירמיה)סימן כ"ב(באומרו - אל תבכו למת וכו'. שהוא מדבר עם הציבור המתקבצים להספיד על איזה צדיק הנפטר רח"ל, על שנחסר צדיק אחד מהמדור שהיה מנין בזכותו עליהם. וקאמר להו הנביא אל תבכו וכו', **לפי שרובם של צדיקים אינם זוכים לעסוק בכל ארבעה חלקי הפרד"ס, ואם כן מוכרחים הם לחזור ולבוא בגלגול כדי להשלים לימודם בארבעה חלקים**, כי אפילו הוא עסק בשלוש חלקי הפרד"ס, לא יצא ידי חובתו, ועליו נאמר הן כל אלה יפעל א"ל פעמים שלש עם גבר, להחזירו בגלגול. ואם כן הויא פסידא דהדרא. ואפשר שבו ביום שנפטר הוא חוזר ומתגלגל, כנזכר בזוהר ריש פרשת אמור, יעו"ש. ואם כן אין לכם פסידא כל כך. אמנם בכו בכו להלך, לאותו צדיק שכבר עסק בארבעה חלקי הפרד"ס. כי תיבת להלך היא חסר ו', ואם תחשוב תיבת להלך ארבעה פעמים עם ארבעה הכוללים, שהם כנגד ארבעה חלקי הפרד"ס, הם בגימטריא פרד"ס. **שזה הצדיק לא ישוב עוד וראה את ארץ מולדתו, כי על ארבעה לא אשיבנו**. שזהו פסידא דלא הדרא באמת, ונחסר לגמרי מן העולם הזה, עד כאן לשונו. ולכן חובה על כל אדם לעסוק בכל חלקי הפרד"ס, ובפרט בחלק הסוד, הנקרא פנימיות התורה, כמבואר בזוהר הקדוש כמובא בזוהר הקדוש פרשת נשא דף קכ"ד - **בהאי חבורא דילך דאיהו ספר הזוהר יפקון ביה מן גלותא ברחמי**, בזכות הלימוד בספר הזוהר הקדוש, יצאו בני ישראל מהגלות ב**רחמים**. ועוד כל מי שחשקה נפשו ללמוד, אסור למנוע זאת ממנו, בסוד הפסוק[10] - אל תמנע טוב מבעליו, ועל כל אדם להיכנס לפרד"ס החיים.

משלי ג' כ"ז – אל תמנע טוב מבעליו בהיות לאל ידך לעשות.

אשרי האיש אשר לא הלך בעצת רשעים ובדרך חטאים לא עמד ובמושב לצים לא ישב. דע כי יהיו הרבה אנשים רשעים, שינסו למנוע מבני ישראל הקדושים ללמוד בכללות תורה, ובפרט את תורת הקבלה, מכל מיני סיבות ומניעות, והשטן מדבר מגרונם של אלו הרשעים. ואלו דברי קודשו של בעל שבט מוסר רבינו אליהו הכהן האתמרי זצלה"ה - ובהביטך בן אדם מה שעבר על אחרים למה תרדוף אתה אחר כל אלה הדברים הזרים, להשביע נפש מרורים ולמוסרה ביד צרים המה המקטרגים הצוררים, ולמה לא תחמול על נפשך ועל נועם תבנית צלם גופך למוסרו בידן ולהשליכו בתוך גחלי רתמים בטיט היון של גיהנם, להשחירו ולהתיכו כאשר ניתך הזפת בפני האש, אשר על כן תן עצה אתה בנפשך **לברור בדרך החיים בעסק התורה והמצות**, וגם להצטער עצמך זמן קצוב הם חיי עולם הזה, כדי שתתענג זמן רב בלתי סוף ותכלית, ואל יעלה על דעתך כאשר עלה בדעת הרבה שנאבדו בידם כיון שמכיר אני בעצמי שאין בדעתי להבין ולהשכיל, איני עוסק בתורה, טועה הוא בדבר, שהרי הוא מחוייב לעשות מה שנצטוה לעשות, ואם יבין יבין, **שהרי והגית בו יומם ולילה כתיב** ולא כתיב ותבין בו, וכן תמצא בדברי התנא אם למדת תורה הרבה נותנין לך שכר הרבה, ואינו אומר אם הבנת הרבה, אלא למדת אמרו, ותשתדל להבין ואם תבין תבין, ואם לא שכר לימודך בידך, וכמאמר התנא לפום צערא אגרא, ומה גם שאמרו האדם איני לומד מפני שאיני מבין, **הוא פיתוי היצר**, יתמיד בלימודו וסוף הבינה לבא, שבראות קדוש ברוך הוא **חשקו בתורתו ודבקותו בה, פותח לו מעייני החכמה**, דכתיב - כי הוי"ה יתן חכמה מפיו דעת ותבונה. והנני מוסר לך דבר אשר תרדוף אחריה, ויהיה חיים לנפשך וענקים לגרגרותיך, **לעולם יהיה עיקר לימודך בדבר של תורה שליבך חפץ יותר**, אם בגמרא גמרא, ואם בדרוש דרוש, ואם ברמז רמז, **ואם בקבלה קבלה**, ורמז לדבר כי אם בתורת הוי"ה חפצו, כלומר תורת הוי"ה תלויה בדבר שלבו חפץ לעסוק, וכמו שמבאר האר"י זלה"ה בספר דרושי הנשמות והגלגולים פרק שלישי, וז"ל - יש בני אדם שכל חפצם ועסקם בפשטי התורה, ויש שעסקם בדרוש, ויש ברמז, ויש גם כן בגימטריות, **ויש בדרך האמת**, הכל כפי מה שעליו נתגלגל בפעם ההוא, כיון שהשלים פעם אחרת בשאר העניינים, אין צורך לו שבכל גלגול יעסוק בכולם, עד כאן לשונו. **ואל תביט ותשגיח לדברי המתנגדים על מה שחשקת לעסוק בתורה** בגמרא או בפשט או בדרוש וכו', באומרם לך למה אתה מוציא כל ימיך בפרט זה של תורה ולא בפרט זה, משום שעל מה שחשקת ללמוד, על דבר זה באת לעולם, ואם תשים דעתך לדבריהם, יכריחוך להתגלגל בזה העולם פעם אחרת ולעבור נפשך בחרב חדה של מלאך המות ולטעום טעם מיתה, ולכן לא תשמע לדברי המשחית נפשך, **כי דע שהשטן מתלבש באלו האנשים לדאוג ולהצטער ולהכאיב נפש הלומד ועוסק בתורה**, בחלק שֶׁאָנְתָּה נפשו לעסוק, כדי להבדילו משם שלא ישלים נפשו, על מה שבא להשלימה, ולהכריחו גלגולים אחרים, וכשם שבדבר שחושק יותר האדם ללמוד, משם יבין שעל דבר זה נתגלגל להשלים, כך צריך האדם שידע שורש נשמתו ומהיכן נמשך ועל מה בא לתקן ולהשלים, כמו שאמר בזוהר שיר השירים על הגידה לי את שאהבה נפשי וכו'. **וכדי שיבין יראה באיזה מצוה תקיף יצרו יותר לבטלה יתחזק בה לקיימה, כי בוודאי על מצוה זו נתגלגל**, וכדי שלא ישלים חוקו מנגדו יצרו לבטלה להוציאו מן העולם בידיים ריקניות... ולכן לא תשמע לדברי רשעים אלו, אלא תשמע לדברי חיים.

חבר אני לכל אשר יראוך ולשמרי פקודיך. בסוף[11] עץ חיים מובא מספר כללים למהרח"ו, וז"ל - להאר"י זלה"ה. הרמב"ן וחבריו ודברי ראשונים כמו רבי נחוניא בן הקנה לא הזכירו רק עשר ספירות, ולא גילו עניני פרצוף כלל. **ודע שהרמב"ן והראשונים היו יודעים בפרצוף**, אלא שדברו בהעלם גדול, לרוב הגלות שלא ניתן רשות לגלות, ולהתפשט האורות הגדולים, מאחר שגברו הקליפות, וכל זר לא יאכל קדש. **אמנם בעקבות משיחא כמו בדורינו זה התחילו האורות להתפשט להיות כבראשונה**, כמו שהיה בזמן העולם מתוקן ולהתתקן מעט. ומתחלה היו האורות סתומים, היה העולם מקולקל, וכל מה שנתקלקל נסתם בגלות, ולא היו משיגין אלא עשר ספירות בסתום, בסוד הנקודות, כל אחד כלול מעשר, ובענין הפרצופים לא נתגלה להם כלל, לפי שמצאו בדברי הראשונים סתומים, ולא ידעו עומק הדברים, וחשבו שכך הוא ודברו בעשר ספירות כל אחד כלול מעשר ובחינות הרבה, ולפי שראיתי מי שחולק על דברים אלו לאמור שלא מצינו אלא עשר ספירות, ומהיכן יש לשלוט כח לאמור כמה פרצופים שנמצא יותר מעשר ספירות, ומספר רב והלא הראשונים כתבו בספר יצירה - עשר ולא תשע, עשר ולא י"א, לזה באתי לפתוח לך כחודא דמחטא, אולי תזכה להבין מקצת, וכולו לא תשורנו עין, וזהו. ובהקדמתו[12] הקדושה כותב כותב הרב ז"ל - והנה אין בכל דור ודור שלא נמצאו בו אנשים יחידי סגולה ששרתה עליהם רוח הקודש, והיה אליהו הנביא ז"ל נגלה עליהם, **ומלמד אותם סתרי החכמה הזאת**, וכמו שנמצא כתוב בספרי המקובלים, גם בעל ספר הרקנטי כתב בפרשת נשא בפרשת ברכת כהנים..... ואנשי לבב שמעו לי, אל יהרסו אל הוי"ה, **לראות בספרי האחרונים הבנויים על פי השכל האנושי**, ושומע לי ישכון בטח ושאנן מפחד רעה. ולכן אני הכותב הצעיר חיים וויטאל, רציתי לזכות את הרבים **בהעלם נמרץ והמשכילים יבינו**, וקראתי שם החבור הזה על שמי **ספר עץ חיים**, וגם על שם החכמה הזאת העצומה, חכמת הזוהר, הנקרא עץ חיים, ולא עץ הדעת כנזכר לעיל, בעבור כי בחכמה הזאת טועמיה חיים זכו, ויזכו לארצות החיים הנצחיים, **ומעץ החיים הזה ממנו תאכל, ואכל וחי לעולם**. ואשכילך ואורך דרך זו תלך דע מן היום אשר מורי זלה"ה החל לגלות זאת החכמה, **לא זזה ידי מתוך ידו אפילו רגע אחד**, וכל אשר תמצא כתוב באיזה קונטריסים על שמו ז"ל, ויהיה מנגד מה שכתבתי בספר הזה, **טעות גמור הוא, כי לא הבינו דבריו, ואם יש בהם איזה תוספות שאינו חולק עם ספרינו זה, אל תשית לבך בקבע אליו, כי שום אחד מהשומעים את דברי קדשו, לא ירדו לעומק דבריו וכוונתו, ולא הבינום**, בלי שום ספק. ואם יעלה בדעתך לחשוב שתוכל לברור הטוב ולהניח הרע, אל בינתך אל תשען, כי אין הדברים האלו מסורים אל לב האדם כפי שכל אנושי, והסברא בהם סכנה עצומה, ויחשב בכלל קוצץ בנטיעות חס ושלום, לכן הזהרתיך ואל תסתכל בשום קונטרסים הנכתבים בשם מורי זלה"ה, זולתי במה שכתבנו לך בספר הזה, **ודי לך בהתראה זאת**, אלו הם דברי קודשו. ועלינו ללמוד אך ורק בתורת מורינו חיים.

אני קראתיך כי תענני אל הט אזנך לי שמע אמרתי. עוד כתב הרב ז"ל בהקדמתו תנאים כדי לזכות לחכמה הקדושה הזאת, וז"ל - אני הכותב משביע בשמו הגדול יתברך, לכל מי שיפלו

ע"ח ח"ב דקי"ט ע"א.

ע"ח ד"ד ע"ב.

הקונרטסים אלו לידו, שיקרא הקדמה זאת, ואם אותה נפשו לבוא בחדרת החכמה זאת, יקבל עליו לגמור ולקיים כל מה שאכתוב ויעיד עליו יוצר בראשית, שלא יבוא אליו היזק בגופו ונפשו, ובכל אשר לו, ולא לאחרים. תחת רודפו טוב והבא לטהר ולקרב. **ראשית הכל יראת הוי"ה, להשיג יראת העונש, כי יראת הרוממות, שהוא יראה הפנימית, לא ישיגוהו רק מתוך גדלות החכמה**, ועיקר מגמתו בידיעה הזה יהיה לבער קוצים מן הכרם, כי לכן נקראים העוסקים בחכמה הזאת מחצדי חקלא. **ובודאי שיתעוררו הקליפות נגדו לפתותו ולהחטיאו, לכן יזהר שלא לבוא לידי חטא אפילו שוגג**, שלא יהיה להם שייכות בו, לכן צריך ליזהר מהקלות, כי הקדוש ברוך הוא מדרדק עם הצדיקים כחוט השערה, לכן צריך לפרוש עצמו מבשר ויין כל ימות השבוע, **וצריך הזהרת סור מרע ועשה טוב**, ובקש שלום. בקש שלום צריך להיות רודף שלום, ולא להקפיד בביתו על דבר קטן וגדול, וכל שכן שלא יכעוס ח"ו.

וצריך להתרחק בתכלית הריחוק סור מרע.

א. ליזהר בכל דקדוקי מצות, ואפילו בדברי חכמים, שהם בכלל לא תסור.

ב. לתקן המעוות קודם שיבא לעולם הבא.

ג. יזהר מהכעס, אפילו בשעה שמוכיח את בניו, לא יכעוס כלל ועיקר.

ד. גם צריך ליזהר מהגאוה, ובפרט בענין הלכה, כי גדול כחה והגאוה, בזה עון פלילי.

ה. בכל צער שיבא לו, יפשפש במעשיו וישוב אל הוי"ה.

ו. גם יטבול בעת הצורך לו.

ז. גם יקדש את עצמו בתשמיש המטה שלא יהנה.

ח. שלא יעבור כל לילה ויחשוב בכל לילה מה שעשה ביום, ויתודה.

ט. גם ימעט בעסקיו ואם אין לו פרנסה כי אם על ידי משא ומתן, יכין יום שלישי ויום רביעי, מחצי היום ואילך, ובכוונה שהוא לעבודת קונו.

י. כל דבור שאינו של מצוה והכרחי, יהיה זהיר ממנו, ואפילו דבר מצוה ימנע בשעת התפלה.

ועשה טוב

א. לקום בחצי הלילה, ולעשות הסדר בשק ואפר ובכי גדול, ובכוונה כל אשר יוציא בשפתיו. ואחר כך יעסוק בתורה כל זמן שיוכל להיות בלי שינה, ובלבד שחצי שעה קודם עלות השחר יתעורר לעסוק בתורה.

ב. ילך לבית הכנסת קודם עלות השחר, קודם חיוב טלית ותפילין, להיזהר שיהיה מעשרה ראשונים.

ג. קודם שיכנס, ישים אל לבו מצות עשה ואהבת לרעך כמוך, ואחר כך יכנס.

ד. להשלים רמז צדיק בכל יום. שהוא צ' אמנים, ד' קדושות, י' קדשים, ק' ברכות.

ה. שלא להסיח דעתו מהתפילין בעת התפילה, זולת בעת העמידה ועסק התורה.

ו. צריך שיהיה עוסק בתורה, מעוטף בטלית ותפילין.

ז. לכוין בתפלה הכוונות, כמו שנבאר בע"ה.

ח. שישים תמיד נגד עיניו שם בן ארבעה אותיות הוי"ה, ויזדעזע ממנו, כמו שכתוב - שויתי הוי"ה לנגדי תמיד.

ט. שיכוין בכל הברכות, בפרט בברכת הנהנין.

י. צריך שיהיה עמל בתורה פרד"ס, שנאמר או יחזיק במעוזי, ואל יחשוב שיגלו לו רזי התורה
בהיותו ריק, כדכתיב - יהב חכמתא לחכימין, וצריך ליזהר שלא יוציא בשפתיו בחכמה זו, מה
שלא שמע מאדם שראוי לסמוך עליו, וכאזהרת רשב"י וחבריו. השגת החכמה תנאי הראשון,
צריך למעט דבורו, ולשתוק, כל מה שיוכל כדי שלא להוציא שיחה בטילה, כמאמר רז"ל -
סייג לחכמה שתיקה. גם תנאי אחר, על כל דבר תורה שלא תבינהו, תבכה עליו כל מה שתוכל.
גם עלית הנשמה בלילה לעולם העליון, שלא תשוט בהבלי העולם, תלוי שתישן בבכיה. ומרת
עצבות מגונה עד מאוד, ובפרט להשיג חכמה, והשגה אין לך דבר מונע השגה יותר מזה. גם
בענין השגת האדם, אין לך דבר שמעיל כמו הטהרה והטבילה, שיהיה האדם טהור, בכל עת
ומורי זלה"ה עם היות שהיה לו חולי השבר שהקור מזיק לו, עם כל זה לא היה מונע מלטבול
בכל עת, עד כאן דברי קודשו. ועלינו לקיים את בקשת הרב ז"ל את הבחינות של[13] סור מרע
ועשה טוב, כדי לטפס בעץ החיים.

מרן הרש"ש[14] מעיד על עצמו, וז"ל - וראיתי מה שכתבו מעלת כבוד תורתם, על ענין
עבודת הוי"ה שקצרתי במקום שהיה ראוי להרחיב מעט הדיבור, אמת הוא כי לכתחילה קצרתי
בו, **יען ראיתי כמה מהנזק יצא ממה שכתבו בזה המקובלים שקדמו, כי רבים חללים
הפילו, וחלול כבוד הוי"ה, וכבוד התורה. הוי"ה יכפר בעדם, כי כל דבריהם לא על פי
התורה הם, ואינם מיוסדים על האמת, ומהם יצאו אבות, ומאבות תולדות הריסת יסודי
התורה ח"ו, הוי"ה יכפר. וכל זה לא שלמדתי בדבריהם ח"ו**, אלא שפעם אחת הוכרחתי
בעל כרחי לעיין בדף אחד שכתוב בו קצור מה שכתבו בענין זה, **וכמעט שקרעתי בגדי
לראות דברים אשר לא כן על הוי"ה.** הוי"ה יכפר, וכבר מילתי אמורה להם, **כי עידי
בשמים כי כל עסקי ולמודי, אינו רק בדברי האר"י זלה"ה, ותלמידו מהרח"ו ז"ל לבדם,
ובלעדם אין לי עסק בשום ספר מספרי המקובלים ראשונים ואחרונים, ואפילו בדברי
שאר תלמידי האר"י ז"ל לא למדתי, וכשיזדמן לפני דבר מדבריהם, אני מדלגו.** כי על כן
איני כמזהיר, אלא כמזכיר, למען הוי"ה אל יהי לכם מגע יד בדבריהם, ובפרט בענין זה,
השמרו לכם פן יפתה לכם בלבבכם, **אלא כל לימודם לא יהיה אלא בעץ חיים ובספר מבוא
שערים ובשמונה שערים המפורסמים**, שכולם דברי אלהי"ם חיים. ואני קצרתי בענין זה כל
מה שאפשר, כי יראתי פן יפלו דפים אלו ביד מי שעדיין לא למד דברי האר"י ז"ל כראוי,
ויחשידני שלמדתי בספרים אחרים, ולא כן הוא כאמור, ולכן קצרתי בו, ופיזרתי בהקדמה,
עד כאן דברי קודשו של מרן הרש"ש. ואנחנו תפילה שיתגלה משיח צדיקנו במהרה בימינו,
ומלאה[15] הארץ דעה את הוי"ה כמים לים מכסים, דעת תורת החיים.

13

תהלים ל"ד ט"ו – סור מרע ועשה טוב בקש שלום ורדפהו.
14

נהר שלום דף ל"ד ע"א.
15

ישעיהו י"א ט' – לא ירעו ולא ישחיתו בכל הר קדשי כי מלאה הארץ דעה את הוי"ה כמים לים מכסים.

כתב רבינו גאון הקבלה רבי אליהו מני, רבו של הרי"ח הטוב, רבי יוסף חיים בעל הספר "בן איש חי", בספרו הקדוש **כסא אליהו** כי על הלומד ללמוד כל מאמר ומאמר ארבעה חמשה פעמים בלי המפרשים, וינסה להבין את המאמר בעצמו. ואחר כך ילך לראות אם כיוון לדעת המפרשים.

וכן אני הקטן מבקש בכל לשון של בקשה, ללמוד את הדרוש כמו שהוא מובא בספר עץ חיים, ארבעה חמישה פעמים, כדי לנסות להבין את הדרוש. וכל דרוש מובא בתחילת הספר במלואו.

אחר כך יכנס ללמוד את הדרוש עם ביאור הדברים, עוד ארבעה חמישה פעמים, ואחר כך יראה את המקורות להגהות, ודברי רבותינו הקדושים, עם התרשימים וטבלאות.

ואז יעלה ויצליח בלימוד תורת האר"י החה"י.

כתב רבינו **השד"ה** רבי שאול דוויק הכהן, בהקדמת ספרו איפה שלימה, על אוצרות חיים וז"ל - וכדי שיוכל לעלות לימודו למעלה, ריח ניחוח לה'. קודם כל לימוד ימסור עצמו על קדושת ה', כי זה מועיל מאוד, כמו שכתוב בשער הכוונות דף כ"ד ע"ב, כי עתה בזמנינו בעוונתינו הרבים אין יכולת לעשות זווג כתיקונו למעלה, ולסיבה זו הקץ מתארך וכו'. אמנם עם כל זה יש קצת תיקון במה שנמסור נפשינו על קידוש ה' בכל הלב, כי על ידי כן אפילו אין בנו שום מעשים טובים, והרשענו עד להפליא. הנה על ידי מסירת נפשינו להריגה, מתכפרים עוונתינו כולם, ויש בנו יכולת לעלות עד אימא עילאה, כמו שאמרו חז"ל - גדולה תשובה שמגעת עד כסא הכבוד, שנאמר - שובה ישראל עד ה' וכו', עד כאן דבריו.

וזה הסדר

יקבל עליו ארבע מיתות בית דין, מארבעה אותיות הוי"ה וארבעה אותיות אדנ"י, וליחדם על ידי ארבעה אותיות אהי"ה ועל ידי עסמ"ב

סקילה	י	**א**		יוד הֵי ויו הֵי	וליחדם על ידי **א**
שרפה	ה	ד		יוד הֵי ואו הֵי	וליחדם על ידי ה
הרג	ו	**נ**		יוד הֵא ואו הֵא	וליחדם על ידי י
וחנק	ה	י		יוד הֵה וו הֵה	וליחדם על ידי ה

לְשֵׁם יְזֹוד
קֻדְשָׁא בְּרִיךְ הוּא וּשְׁכִינְתֵה

יאהדונהי

בִּדְזִזילוּ וּרְזִזימוּ   וּרְזִזימוּ וּדְזִזילוּ

יאההויהה   איההיוהה

לְיַזֱזֱדָא אוֹתִיּוֹת י״ה בּו״ה, בְּיַזוּדָא שְׁלִים
יהו״ה

בְּשֵׁם כָּל יִשְׂרָאֵל, לַאֲקָמָא שְׁכִינְתָּא מֵעַפְרָא, הָרֵינִי לוֹמֵד בַּסֵּפֶר
קַבָּלָה פְּלוֹנִי שֶׁהוּא כְּנֶגֶד תִּפְאֶרֶת דז״א בְּעוֹלַם הָאֲצִילוּת שֶׁבּוֹ
שֵׁם מ״ה כָּזֶה יו״ד ה״א וא״ו ה״א לַעֲשׂוֹת מֶרְכָּבָה. וִיהִי רָצוֹן
מִלְּפָנֶיךָ ה׳ אֱלֹהֵינוּ וֵאלֹהֵי אֲבוֹתֵינוּ שֶׁתּוֹכֵךְ רוּזֵנוּ וְנַפְשֵׁינוּ שֶׁיִּהְי
רְאוּיִם לְעוֹרֵר מֵיִן תַּתָּאִין עַל יְדֵי קְרִיאַת סֵפֶר הַקַּבָּלָה הַזֹּאת.
וִיהִי נֹעַם יְהוָה אֱלֹהֵינוּ עָלֵינוּ וּמַעֲשֵׂה יָדֵינוּ כּוֹנְנָה עָלֵינוּ וּמַעֲשֵׂה
יָדֵינוּ כּוֹנְנֵהוּ.

בָּרוּךְ ה׳ לְעוֹלָם אָמֵן וְאָמֵן, נֶצַח, סֶלָה, וָעֶד.

הקדמה כללית וחשובה להיכל הנקודים

צריך לדעת כי היכל הנקודים, שהוא כולל את שער **הנקודות**, שער **השבירה**, שער **התיקון**, ושער **המלכים**. עוסק בסוגיות שלפני התיקון, ר"ל[16] לפני שמידת הרחמים התפשטה בעולמות, והתמזגה עם מידת הדין, ונתקן העולם. לכן שער זה מבאר את בחינת הדינים, ובכל מקום שיש דין מתעוררים החיצונים. לכן רבותינו המקובלים יתייחסו בכובד ראש לסוגיות בהיכל זה יותר משאר הדרושים בספרי הרב ז"ל, עד כדי כך שהרי"ח הטוב כותב[17] שצריך ללמוד להיכל זה **בשתיקה ובהרהור הלב**, עד כדי כך חשש הרי"ח הטו"ב מתגבורת הדינים. וכן[18] הוא בשער הכוונות בענין פטירת

16

ע"ח ש"ט פ"ו מ"ב דמ"ה ע"ג – ואז נברא העולם במידת הדין, ויצאה בת מתחלה, שהיא **שם ב"ן** בפנים דא"ק. ואחר כך יצאו ענפיו לחוץ, **דרך העין** מטבורו דא"ק ולמטה, ולא נתקיימו הענפים שבחנך. עד שחזרו להזדווג והולידו בן, שהוא **שם מ"ה** בפנים ובחוץ, והוא מידת הרחמים, ונתקיים העולם, כמו שאמרו רז"ל על הפסוק - ביום עשות הוי"ה אלהי"ם ארץ ושמים, **והבן אמרם העולם**, כי מציאת העולם הם השבעה תחתונות לבד, שהם זו"ן, אלא בראשונה היו זו"ן נקבות, מצד דין, שהוא שם ב"ן. ואחר כך היו זו"ן זכרים, משם מ"ה. **כי כל מ"ה וב"ן נקרא בשם עולם.**

17

רב פעלים חלק ב', סוד ישרים סימן ה' דר"ב ע"ב – וגדולה מזו תדע כי אפילו רבינו מהרח"ו ז"ל שהיה לו נשמה גדולה מאד, וסמך רבינו האר"י ז"ל שתי ידיו עליו, ואמר לו שהוא בא לעולם הזה בעבורו לתקנו וללמדו, עם כל זאת הוא היה אומר על דרושים שגילה לו רבינו האר"י ז"ל, שלא השיג אותם אפילו ערך טיפה מן הים, כי כן כתב בספר הכוונות בדרוש ספירת העומר, דרוש י"ב דף פ"ו ע"ג על סוד אחד בענין הקטנות שגילה אותו לרבינו האר"י ז"ל, ונענש בעבור זה, וכתב מהרח"ו וז"ל - ולכן הסוד הזה צריך להעלימו אם מפאת עצמו, ואם מפני שאין אנחנו יודעים אמיתתו אפילו טיפת גרגיר של החרדל מן הדרוש ההוא, עד כאן לשונו. ראה דברים אלו שכתב צדיק וישר ונאמן שאמר אין אנחנו יודעים אמיתתו אפילו טיפת גרגיר של חרדל, המה יורדים בחדרי בטן של אדם שיש לו מוח בקדקודו ותופס ספרי קבלה בידו, המדברים בענין קטנות ופגם, ובענין שבירה ומגע הקליפות וכיוצא, שצריך להחליט בדעתו על ענינים אלו, שהם אינם כפשוטן, והם סתומין וחתומים באלף עזקין, ויאחזנו פחד ורעדה בקריאתו בסודות התורה בכתבי רבינו האר"י ז"ל האמתיים, ויזהר שלא להוסיף או לגרוע בהם שום דבר מהמשרה השכל, ולא יעשה בהם חילוקים והמצאות שכליות כדרך שעושין בחכמת הפשט, ובכלל יזהר שלא יתמיד ללמוד בסוד השבירה והקטנות ובשערי הקליפות, **ואם יבא לפניו איזה ענין מאלה באמצע, לא יוציא הדברים מפיו, אלא ילמדם בהבטת העין בלבד**, כי שמעתי שנזהרין בכך כמה חסידים מקובלים.

18

שער הכוונות, ענין ספירת העומר דרוש י"ב דפ"ו ע"ב – האמנם כיון שלא נתקנו כל המוחין לכן אינו זווג גמור מעולה, **אמנם נקרא זווג דקטנות.** כיון שעדיין לא נגדל ז"א. ובזה יתבאר לך מאמר אחד מספר הזוהר בפרשת בשלח בדף נ"ב ע"ב בענין קריעת ים סוף, בפסוק מה תצעק אלי, ואמר שם רשב"י ע"ה - בהאי מלה לא תשאל ולא תנסה את הוי"ה. ובודאי שביאור המאמר הזה עמוק מאד, כיון שמצינו לרשב"י ע"ה שהפליג בהסתרת סודו, ואמר בהאי מלה לא תשאל. וביום שמורי ז"ל ביאר לנו המאמר הזה היינו יושבים בשדה תחת האילנות, ועבר עליו עורב אחד צועק וקורא כדרכו, ומורי ז"ל ענה ואמר אחריו ברוך דיין האמת, שאלתי את פיו ואמר לי כי אמר לו כי העורב ההוא לפי שגילה הסוד הזה לכל בני האדם בפרהסיא, **לכן נענש בעת ההיא בבית דין של מעלה**, וגזרו עליו שימות בנו הקטן, ותיכף הלך לביתו ובנו היה מטייל בחצר, ובאותה הלילה חלה את חליו, ומת אחר שלשה ימים רחמנא ליצלן. **ולכן ראוי לכל בעל נפש הרואה הדברים**

הבן של רבינו האר"י, וכן[19] בפרי עץ חיים. ומביא[20] זאת הבית יהודה בריש פרק א' דשער מוחין דקטנות. ולכן צריך ללמוד בשערים אלו בכובד ראש, ובזמנים הידועים כמו שבת, יום טוב, ואחרי חצות הלילה.

דע כי בכל מקום שהרב ז"ל מבאר כי המלכים דמיתו ירדו לעולם הבריאה, הכוונה[21] היא לכל עולמות בי"ע, כאשר הכלי הפנימי ירד לעולם הבריאה, הכלי האמצעי לעולם היצירה, והכלי החיצון לעולם העשיה.

האלו להסתירם בתכלית ההסתר, זולת הכלל הנודע בכל החכמה הזו כי כבוד אלהי"ם הסתר דבר, ואין מקום להאריך בזה, כי הדברים נודעים, וכל מה שיסתיר האדם הסודות מלגלותם למי שאינו ראוי הוא משובח ומכובד בפמליא של מעלה. **והעושה היפך מזה מכניס עצמו בסכנה עצומה** בעולם הזה במיתת עצמו בהכרת ח"ו, ובמיתת בניו הקטנים, נוסף על עונש נשמתו בגהינם שאין קץ לעונשו, וכמו שהזכיר רשב"י ע"ה בסוף אדרא זוטא ועיין שם. והטעם שנענש מורי ז"ל בביאור מאמר זה, וכמו שהזכיר רשב"י ע"ה עצמו שאמר בהאי מלה לא תשאל, הענין הוא כי הנה נודע שאין החיצונים נאחזין אלא במוחין של קטנות, כי הם דינין תקיפין, ובהיות האדם מתעסק בסודות התורה אם יהיה בענין זמן הגדלות העליון, או בשאר דרוש חכמת האמת שהם ענינים למעלה, אין לאדם כל כך סכנה, **כמו בזמן שעוסק בסודות זמן הקטנות, כי בהתעסקו בהם הנה החיצונים מתעוררים בהם, ומתאחזין שם, ומזכירים עונותיו של האדם המתעסק בהם.**
19

פרי עץ חיים, שער חג המצות, פרק ח' – הוא סוד הנזכר בזוהר פרשת בשלח דף נ"ב עד סוף קריעת ים סוף, ואמר שם רבי שמעון בר יוחאי, בההוא מלה לא תשאל ולא תנסה וכו'. וענין הדבר הזה, הוא סוד עמוק מאוד, והטעם הוא דע, **בכל מקום שהקטנות עליון מתעורר, הם דינין תקיפין**, אם האדם או היותר עליון שבעולם, בכל מקום שעוסק בשער האצילות לעילא ולעילא, אין לו כל כך סכנה, **כמו מי שעוסק בקטנות, כי שם נאחזים החיצונים**, ולכן בעת שהאדם עוסק בהם, **אז החיצונים מתעוררים, ומזכירין עונותיו של אדם**, ולכן בכל פעם שמורי ז"ל היה עוסק בשום דרש מן הקטנות, היה נענש ואין צריך להאריך על זה. ואפילו משה רבינו, רבן של כל הנביאים, **כי פגע בסוד קטנות, שהוא סוד המטה הנהפך לנחש**, מה כתיב ביה - ויָנס משה מפניו, כמו שנבאר בע"ה, **כי סוד קטנות נקרא נחש**, ולכן הסוד הזה ראוי להעלימה, אף על פי שאין יודעין בו, כי אם חלק אחד מרבי רבבות שיש בו.
20

בית לחם יהודה שכ"ב, שער מוחין דקטנות פ"א דק"ז ע"ב – בע"ה כתב יד כתוב כשגילה הרב פרק זה מת בנו משה, עד כאן לשונו. ור"ל וכל אדם צריך להזהר שלא יאריך בו, וטוב שילמוד אותו **בשבת, וביום טוב, ובראש חודש, ובלילה אחר חצות.**
21

ע"ח ש"ט פ"ז מ"ו דמ"ב ע"ב – והנה כאשר יצאו כל האצילות מבחינת ב"ן לבד, והיה כולל עתיק, וא"א, ואו"א, וזו"ן. ואז יצאו תחלה כל הכלים שלהם זה תחת זה עד סיום עולם האצילות, ואחר כך יצאו אורות דב"ן כל פרטי אצילות, ויצא תחלה כתר דעתיק דאצילות, שבו נכללין כל האורות, ונתקיים, ואחר כך יצאה חכמה דעתיק בכלי שלו, ובו היו כלולים כל שאר האורות ונתקיים, ובו כלולין כל שאר האורות ונתקים, ואחר כך יצאה בינה דעתיק, ואחר כך יצאו שבעה תחתונות דעתיק,)נ"א דדעת(הדעת למטה כל אחד כלול בכלי שלו, ובו כלולים כל שאר האורות, והיה נשבר, **וירד פנימיות הכלי לבריאה, וחיצוניות הכלי ירד ביצירה, וחיצוניות של חיצוניות בעשייה**, ואחר כך האור ההוא נשאר בלי כלי, ושאר האורות ירדו בכלי השני של השבעה תחתונות, וגם הוא נשבר על דרך הנזכר לעיל,)נ"א נשאר ע"ד הנ"ל(והאור שלו נשאר בלי לבוש, ושאר האורות ירדו לכלי שלמטה ממנו, וכן על דרך זה עד שנגמרו שבעה תחתונות שלו, ואחר כך נכנס הכתר דאריך אנפין בכלי שלו............

נהר שלום דכ"ד ע"ד – והנה ידוע כי מיתת המלכים היתה בזו"ן דפרטות, ר"ל בזו"ן דעתיק, ובזו"ן דא"א, ובזו"ן דאבא, ובזו"ן דאימא, ובזו"ן דז"א, ובזו"ן דנוקבא, וכל פרצוף מאלו הפרצופים כלול מכל הפרצופים הנזכרים. וזה היה בפרט האחרון דפרטי פרטות, וכמבואר לעיל בהקדמה, וזה היה בפנימיות וחיצוניות דפנימיות, ובחיצוניות ופנימיות דחיצוניות, דפנים ודאחור. **והכלים עם הרפ"ח ניצוצות דמלכים דעתיק נפלו לעתיק דבי"ע, ודא"א לא"א דבי"ע, ודאו"א לאו"א דבי"ע, ודזו"ן לזו"ן דבי"ע. באופן זה כי הכלים הפנימיים דמלכים הנזכרים נפלו לפרצופי הבריאה. והכלים האמצעים ליצירה. וכלים החיצונים שלהם

ידוע כי ג"ר נקראים פנים בערך ו"ק, והוא כי כל[22] פרצוף נחלק לג' חלקים חב"ד חג"ת נה"י, כאשר חב"ד נקראים כלים פנימיים, חג"ת נקראים כלים אמצעיים, ונה"י נקראים כלים חיצוניים. גם הם נקראים[23] נר"ן, כאשר נה"י הוא בכללות נקרא נפש, חג"ת רוח, וחב"ד נשמה. הרב ז"ל מבאר[24] בכל המקומות על שבירה, מיתה, וירידת **פנים ואחור** דשבעה

לעשיה. ונתבאר בשער השמות ובכמה מקומות, כי כדי לברור הכלים ושארית הרפ"ח דכל פרט, יורדים כל הפרצופים העליונים דאצילות בימי החול בסוד גלות השכינה, ומתלבשים בפרצופים שכנגדם למטה בבי"ע. עתיק דאצילות בעתיק דבי"ע, וא"א בא"א, ואו"א באו"א, וזו"ן בזו"ן. כלים פנימיים שלהם בבריאה, ואמצעיים ביצירה, וחיצוניים בעשיה. ובי"ע הנזכר מתלבשים בבי"ע דחול, וזה לצורך בירורי כלים ואורות דמלכים דזו"ן דעתיק, וא"א, ואו"א, וזו"ן דאצילות שנפלו לבי"ע על סדר הנזכר. **כי הכלים הפנימים של מלכי עתיק, וא"א, ואו"א, וזו"ן דאצילות נפלו לבריאה. וכלים האמצעיים של המלכים הנזכרים ליצירה. וכלים החיצוניים שלהם לעשיה**, כנודע. ועל כן בימי החול יורדים הכלים דפרצופים העליונים דאצילות על דרך הנז"ל, לברר בחינותיהם שנשארו בבי"ע.

רחובות הנהר ד"ב ע"ב – ובהגיע האור לגבול האצילות, אירע בהם ענין ביטול המלכים, ונפלו הכלים פנימי אמצעי וחיצון עם אורות דרפ"ח, **לבי"ע התחתונים** דאותה הספירה.

22

ע"ח ח"ב ש"ל דרוש א' מ"ב דכ"ו ע"א – דע כי ז"א יש לו שלוש פרצופים, וכל אחד כלול מעשרה ספירות, והם זה תוך עשרה, תוך עשרה, ועשרה אחרים בפנימיות כולם. ואלו השלושה פרצופים הם כולם בחינת כלים, והם שלושים כלים, וכולם הם ביחד גוף אחד, וכלי אחד, ובתוכו יש האורות, שהם נר"ן וכו', ובהיות שלושתן יחד זה תוך זה הם שוים בקומתן, אבל לפעמים אין לז"א רק פרצוף החיצון מהם בלבד, ולפעמים שניהן, ולפעמים שלשתן. ובתחילה מתחיל הז"א להיות בו **פרצוף החיצון**, ואז הוא שיעור קומתו הוא שליש גדלותו לבד והוא **כשיעור קומת נה"י** אחר הגדלות האחרון. ואחר כך נכנס בו **פרצוף אמצעי**, ומתלבש בתוך החיצון, ואז נגדל ז"א ב' שלישי קומתו, **שהם נה"י וחג"ת**, בין בחינת פרצוף החיצון ובין פרצוף האמצעי, כי אמצעי גורם אל החיצון שיגדל כמוהו. ואחר כך נכנס בו **הפרצוף הפנימי**, ומתלבש בתוך האמצעי, ואז גם ב' הפרצופים החיצון ואמצעי נגדלים כאורך הפרצוף הפנימי, ואז נשלם ז"א כשיעור קומתו לג' הפרצופים. והוא כאלו נמשיל משל, **כי החיצון שיעור קומתו כשיעור נה"י דז"א בגדלות, והאמצעי כשיעור נה"י וחג"ת דגדלות, והפנימי כשיעור נה"י חג"ת חב"ד בגדלותו**. ולכן בבא האמצעי מגדיל את החיצון כמוהו, ובבא הפנימי מגדיל שניהן כמוהו.

ע"ח שי"ט פ"י מ"ב דצ"ה ע"ג – והנה הכלים הם שלושה, בחינת **חיצון ואמצעי ופנימי**.
ע"ח ח"ב ש"ל דרוש ב' מ"ב דכ"ז ע"א – באופן כי לכל פרצוף עשר ספירות, הנקרא עשר כלים, ונחלקים לשלוש חלקים, והם עשר כלים חיצוניות, מדור אל הנפש. עשר כלים אמצעים מלובשים תוך חיצוניות, והם מדור אל הרוח. ועשר כלים פנימיים מלובשים תוך הכלים אמצעים, והוא מדור אל הנשמה. והם הם שלושים כלים, אבל גובה קומתן אינם אלא עשרה, לפי שהם עשר תוך עשר, ועשר תוך עשר.

23

נהר שלום, דרוש הדעת דמ"א ע"ג – ונבאר עתה כל זה בפרטות פרצוף אחד שהוא זעיר, וממנו תקיש בכללות כל הפרצופין יחד, דע כי ז"א הוא פרצוף אחד כולל עצמות וכלים, **והכלים שבו הם נכללים בשלושה**, כי הכבד למטה, וכולל עשר מדות שהם כל האיברים, ומתלבש על ידי הורידין שבו, בכל הגוף. והלב גבוה ממנו, וכולל עשר מדות, ומתלבש תוך בחינת הכבד, על ידי הדפקים שבו, ומתפשט בכל הגוף, והמוח גבוה מכולם, וכולל עשר מדות, מתלבשים תוך בחינת הלב, על ידי הגידים, המתפשטים ממנו, ומתפשט בכל הגוף, ועל דרך זה ממש נחלק העצמות בשלושה, נשמה ורוח ונפש, מתלבשים זה בתוך זה, ומתפשטים בכל הגוף. לכן הכבד משכן הנפש, והלב משכן הרוח, והמוח משכן הנשמה.

24

ע"ח ש"ח פ"ב מ"ת ל"ו ע"ג – אמנם השבעה מלכים תתאין מתו, לפי שכליהם נעשו מהסתכלות עין בחוטם פה לבד, והיה חסר מהם אור האזן העליונה. והנה גם בג"ר עצמם יש בהם חילוק בין זו לזו, והוא)נ"א והנה(כי מן הכתר לא ירד ממנו אפילו האחורים, אלא האחורים של נה"י בלבד. אבל באו"א של הנקודים ירדו האחורים שלהם לבד, ונשארו הפנים במקומם. וטעם הדבר הוא כי אלו האורות שנמשכים עד שבולת הזקן נחלקו לשלושה, כי הכתר לקח מבחינת האזן עצמה ממה שהראייה שואבת בהסתכלות באור האזן, ומכל

התחתונות דנקודים, לפי פשט הדברים נראה שחב"ד חג"ת ונה"י דמלכים נשברו ומתו וירדו לעולמות בי"ע. עם[25] כל זאת רק חג"ת נהי"מ דמלכים נשברו ומתו, שהם הבחינה החיצונה והאמצעית, הנקראת[26] גם החיצונה והתיכונה, והסיבה[27] שהרב ז"ל קורא לחג"ת נה"י פנים ואחור היא שמדובר בערכין, **כי חג"ת נקראים אחור בערך חב"ד**,

שכן שנכללים בו שני אורות אחרים, ומזה נעשה כלי לכתר נקודים. ואבא לקח ממה שהראייה שואבת מאורות החוטם, וגם אור הפה נכלל בו. והנה הכתר שלקח מן האזן הארתו גדולה מאד לא נשבר כלי שלו, אבל או"א שאין לוקחין רק מן החוטם ופה נשברו האחוריים של כליהם. והנה או"א אם היו מקבלים אור זה של חוטם ופה של א"ק, בהיותו למעלה קרוב אל מקום נקבי האזן, אף על פי שלא היו מקבלין מאורות האזן עצמה, רק קצת הארה היו מתקיימין האחוריים של כליהם, אבל כיון שאין מקבלין רק מסיום האזן שהוא מקום שבולת הזקן, לכן אף על פי שלוקחין קצת הארה אינו מועיל להם, ולכן נשברו האחוריים של כליהם. אבל הכתר כיון שלוקחה אור האזן ממש אף על פי שלוקחו סיומו כיון שהוא לוקח עצמותו, די בזה ולא נשבר אפילו האחוריים של כלים דידיה. מה שאין כן באו"א שאינן לוקחין רק הארה בעלמא, וגם שהוא ברחוק מקום. והרי נתבאר שלושה בחינות אלו, והם כי הכתר נתקיים כולו. **וזו"ן נפלו פנים והאחוריים שלהם**. והנה זהו הטעם שנרמז בפסוק והארץ היתה תהו ובהו, אשר הוא מדבר בענין מיתת המלכים של הנקודים כנזכר לעיל.

ע"ח ש"ח פ"ו מ"ת דט"ל ע"ג – וכבר נתבאר לעיל כי אלו שבעת מלכים לקחו אורם מגוף א"ק שתחת שבולת הזקן, ולא מלעלה. נמצא שהם חסרים בחינת שלושה אורות עליונים שהם אח"פ, **כי לכן נשברו הפנים והאחוריים שלהם**, ואלו הם בחינת ג' תגין שיש למעלה על כל אות מאלו השבעה הנזכר לעיל. כי הם מורים על הסתלקות האורות וחיות מן הכלים, שהם אותיות, ונשאר האור למעלה מהם ולא בתוכם, כדרך צורת התגין על האותיות. אבל האותיות בד"ק חי"ה הם אחוריים דאו"א שירדו.

ע"ח ש"ט פ"ג מ"ת דמ"ב ע"ד – ונבאר עתה איך בעת מיתת המלכים אלו ירדו הכלים שלהם לעולם הבריאה כנזכר לעיל, משאין כן בארבעה אחוריים דאו"א. כי הנה נתבאר החילוק שהיה בין או"א לשבעה המלכים, שהם זו"ן, ואמרנו כי השבעה מלכים שהם זו"ן מתו ממש, וירדו אל עולם הבריאה, הכלים שלהם ואחוריים של או"א נתבטלו ולא מתו, אלא שירדו למטה בעולם אצילות עצמו, ושם ביארנו טעם לזה, ואמרנו שהיה לסיבה שהשבעה מלכים לא קבלו אורות אח"פ רק מגופא דיליה דא"ק. והנה לטעם זה עצמו היה גם כן שינוי אחר בין ג"ר שהם כח"ב, אל השבעה מלכים התחתונים, כי הג"ר יצאו בקצת תיקון בראשונה, והוא כי כאשר יצאו בראשונה נתפשטו כסדר ג' קווין, מה שאין כן שבעה תחתונות שיצאו זו למטה זו, וזה שכתוב באדרא רבא – עד אימת ניתב בקיימא דחד סמכא, ר"ל נתקן התיקון שהוא דרך קוין, אבל קודם שהיו זה על גבי זה, הוי קיומא דחד סמכא. וכבר ביארנו כי התיקון האצילות הוא בהיות ששה קצות עשוי בבחינת ג' קוים קשורים זה בזה, בסוד השלישי המכריע ביניהן, ואז נקרא רשות היחיד. אבל בהיותן זה על גבי זה והם נפרדין אחת מחברתה, אז נקרא רשות הרבים. ולכן הג"ר נתבטלו אחוריהם ולא מתו, **ושבעה מלכים מתו פנים ואחור**, כי יצאו בלי תיקון כלל.

ע"ח ש"ט פ"ז מ"ב דמ"ו ע"ד – ויצאו שבעה תחתונות מדעת ולמטה בלבד, וכולם יצאו מן בינה דז"א הכלולה תוך אימא עילאה כנזכר לעיל, שלא יצאה, **ואז כל השבעה מתו פנים ואחור**, וירדו בבי"ע.

[25]

ע"ח ח"ב ש"ל דרוש א׳ מ"ב דכ"ו ע"ד – גם תבין כי פרצוף האמצעי אף כי נקרא אחור בערך השלישי הפנימי מכולם, **אמנם לפעמים נקרא פנימי בערך החיצון שבכולם**. ובזה תבין מה שנתבאר אצלינו כי בעת מיתת המלכים של ז"א היה בו אחור ופנים, והוא לסבת היות בו תמיד נה"י חג"ת, ו"ק, שהם פרצוף החיצון ואמצעי כנזכר לעיל, **ואז החיצון נקרא אחור, ואמצעי פנימי בערך החיצון**, והבן זה.

[26]

ע"ח ש"ט פ"ח מ"ב דמ"ז ע"א – ודע כי באצילות המלכים לא יצאו בזו"ן רק השבעה מלכיות, שבשתי בחינות, **החיצונה והתיכונה**, והם **המלכות דנה"י חג"ת**, ולכן נקרא המלכים נקודות, כי נקודה היא מלכות כנזכר לקמן.

[27]

נהר שלום די"ב ע"ד – והענין בקיצור נמרץ, ידוע כי כל העולמות מראש א"ק עד סוף העשיה, כלולים מחיצוניות ופנימיות, וכל אחד משניהם נחלק לחיצוניות ופנימיות, **ואין לך שום בריה שאינה כלולה מחיצוניות ופנימיות**, אמנם החיצוניות דכללות כל העולמות הם העיגולים דכל העולמות, והפנימיות הוא

ונקראים פנים בערך הנה"י. לכן צריך **לזכור ולדעת** כי בכל מקום שנזכר פנים ואחור דז"א דמקרה המלכים, מדובר אך ורק בו"ק דז"א.

זאת ועוד כאשר מבואר כי המלכים הם בחינת ב"ן דעסמ"ב דב"ן, שהוא בחינת המלכויות דעסמ"ב דב"ן, הכוונה היא שהב"ן הזה כולל את מ"ה וב"ן דב"ן, כי[28] אין לך ניצוץ שנברא, שאינו כלול מזכר ונקבה. ולכן[29] בחינת המלכים דמיתו הם מ"ה וב"ן דב"ן דעסמ"ב דב"ן, רק שאנחנו מזכירים רק את בחינת הב"ן בלי דמ"ה. ובתיקון יצא מ"ה החדש, הכולל מ"ה וב"ן דמ"ה, וכן בשם מ"ה החדש אנחנו מזכירים רק את שם מ"ה בלי הב"ן, ופשוט הוא.

גם צריך לדעת כי שמבואר לפי פשט דברי הרב ז"ל, שנשברו ומתו הכלים דמלכים, מובן כי לכל הבחינת הפנים ואחור שהם חג"ת נה"י"ם דשבעה המלכים, קרה מקרה המלכים, אבל[30] **בעומק דברי** הרב ז"ל מדובר רק בפרצוף האחור, והוא פרצוף הנה"י. ר"ל המלכים שנשברו ומתו הם חג"ת נה"י דנה"י דנקודים.

ועוד דבר חשוב גם[31] בחינת עולמות אבי"ע יצאו בנקודים, שהם **בעומק הדברים** אבי"ע דאבי"ע דעובי, כמו שיתבאר לקמן.

היושר דכל העולמות, וכל אחד נחלק לחיצוניות ופנימיות, שהם הכלים והאורות, גוף ונשמה, כי הכלים שהם העשר ספירות דכל פרצוף, נקרא חיצוניות בערך הפנימיות, שהם האורות והנרנח"י, המלובשים בהם. וכן בפרטות העשר ספירות הנחלקים לשלשה פרצופים, נה"י חג"ת וחב"ד, מתלבשים זה בתוך זה. **כי פרצוף דנה"י המלביש לפרצוף חג"ת נקרא חיצוניות בערך פרצוף החג"ת המתלבש בתוכו, ופרצוף החג"ת נקרא פנימיות אליו.** ופרצוף החג"ת נקרא חיצוניות בערך פרצוף החב"ד המתלבש בו, והחב"ד הוא פנימיות אליו. וכל זה הפרצוף הכלול מחב"ד וחג"ת ונה"י נקרא חיצוניות בערך הפרצוף העליון המתלבש בו, וכן על דרך זה מפרצוף לפרצוף, עד א"ס.

28

ע"ח ש"ט פ"ז דמ"ו ע"ב – דע כי אין לך ספירה וספירה, אפילו בעשר ספירות הפרטיות שבכל פרצוף ופרצוף, שאין בו **בחינת זכר ונקבה, והם ב"ן דנקודות ומ"ה החדש**, ואמנם אין ענין ב"ן הזה והנקבה זו בחינת מלכות העשירית שיש בכל ספירה וספירה, שהיא בחינה עשירית שבכל ספירה וספירה, אלא שיש בכל ספירה עשר בחינות, וכולם דמ"ה, ועשר בחינות וכולם דב"ן, והתשע ראשונות דמ"ה וב"ן הם נקרא ט' בחינות הראשונות של ספירה ההוא, והבחינה עשירית שהוא מלכות שבאותו ספירה עצמה, היא כלולה ממ"ה וב"ן. **כלל הדברים בקיצור נמרץ כי אין לך שום ניצוץ קטן בכל האצילות, שאין בו מ"ה וב"ן. גמרא בבא בתרא דע"ד ע"ב** – אמר רב יהודה, אמר רב, כל מה שברא הקדוש ברוך הוא בעולמו, **זכר ונקבה בראם.**

29

רחובות הנהר ד"ג ע"ב – ובתחילה יצא שם ב"ן, שהוא שבעה קצוות זו"ן, שהם **מ"ה וב"ן דב"ן** דא"ק, והם השבעה מלכים דב"ן דמיתו, ואינם רק שבעה מלכים, אלא נפרטו לעשר ספירות, שהם עסמ"ב, ואו"א, וזו"ן דב"ן דאצילות. ואחר כך בתיקון יצא שם מ"ה החדש, שהוא שבעה קצוות זו"ן, שהם **מ"ה וב"ן דמ"ה** דא"ק, ונפרטו גם הם לעסמ"ב על דרך הנזכר לעיל.

30

ע"ח ח"ב ש"ל דרוש ה' מ"ב דכ"ח ע"ב – ונבאר עתה מה שהיה בעת מיתת המלכים, קודם העיבור, כי היה אז ז"א מבחינת ו"ק לבד, של זה הפרצוף הראשון, שכל עצמו אינו רק נה"י לבד. **ונמצא שהוא חג"ת נה"י של פרצוף דאחור.** ונמצא שהם ו"ק, אבל אינם רק נה"י לבד, ובזה לא יחלקו הדרושים הכתובים אצלינו.

31

ע"ח שי"ט פ"ה מ"ב דצ"ב ע"ב – והנה המלכים שמלכו בארץ אדום הם עשר ספירות דב"ן הכולל הנזכר לעיל. ונקודה ראשונה היא כתר דב"ן. והיא נוקבא דעתיק ודא"א, ונקודה שניה הוא אבא. ונקודה שלישית אימא צד ב"ן שבה. וכל אחד משלוש נקודות אלו, היו כלולים מעשרה נקודות שלימות. אך אחר כך יצאה נקודה הרביעית, ולא יצאה כלולה מעשרה נקודות, רק בשׁשׁה נקודות התחתונות שבה לבד, ולכן נקרא

בזמן התיקון יצא מהמצח דא"ק המלך השמיני, והוא **הדר ואשתו מהיטבאל**, הנקרא מ"ה החדש, כדי לתקן את המלכים דמיתו. לפי פשט דברי הרב ז"ל יצא רק היסוד דא"ק, **בעומק** דברי הרב ז"ל שם מ"ה החדש יצא בשיעור קומה שלם, של עסמ"ב, והשבעה[32] תחתונות דשם מ"ה החדש תקנו את המלכים שנשברו ומתו. ופשוטו[33] הוא שלכל נקודה בעובי יש את שם מ"ה הפרטי דאותה נקודה.

עוד צריך לדעת[34] כי עד פרק ו' דשער השבירה, הרב ז"ל מבאר את מקרה המלכים בכללות בנקודה אחת, עם כל זאת צריך לדעת כי מהעין דא"ק יצאו חמשה[35] נקודות דכללות העומדות בעובי, שהם א"א או"ן וזו"ן, ועמדו מהטבור דא"ק ולמטה, ובכל אחד ואחד מנקודות אלו היה מקרה המלכים בפרטות[36], כאשר הג"ר נשארו באצילות דאותה נקודה דכללות, ובשבעה תחתונות נשברו ומתו, וירדו לבי"ע דאותה נקודה.

בשם ו' נקודות, ועם ג"ר הרי תשעה נקודות. אחר כך יצאה נקודה חמישית, ולא יצאה כלולה מעשרה נקודות שלה, רק נקודה אחת לבד, חלק עשירית שבנקודה ההיא. הרי נמצא ששרשם אינם רק חמשה נקודות, ונקרא עשרה נקודות דב"ן, ואלו יצאו ראשונה ונשברו ומתו. **ודע כי לא די אלו שיצאו בבחינת האצילות, שהם הפנים דב"ן, אלא גם אחורייהם שהם בי"ע יצאו עמהם.** ודע, כי גם באצילות יש פנים ואחור, **אך כולם נקראו פנימים בערך בי"ע שהם חיצוניות.** והענין כי בבריאה היה חיצונית הפנים דב"ן, ויצירה חיצונית דאחוריים דב"ן, ועשייה חיצונית יותר חיצון דאחוריים דב"ן. וכאשר נשברו, לא נתקנו כל מה שנשברו, רק מעט, ולא יושלמו להתברר עד ביאת המשיח במהרה בימינו אמן.

32

ע"ח ש"ט פ"ח מ"ב דמ"ז ע"ב – ואחר כך יצאו בחינת חג"ת נה"י שבז"א, נקרא הדר, ויצאו בחינת חג"ת דנה"י דנוקבא, ונקרא מהיטבאל אשתו, ואלו יצאו בתיקון אדם, כנזכר באדרא דף קל"ה ע"ב, והבן זה מאוד.

33

כרם שלמה ש"ט פ"ז אות ד' – ומה שכתב ואחר כך יצא שם מ"ה, ונתחבר עם ב"ן בכל ספירה וספירה כנזכר לעיל, בכל הפרטים. ר"ל כשיצא שם **מ"ה** יצא כנגד **כל הפרטים** דכל האצילות, דהיינו מראש עתיק עד סוף מלכות דאצילות. אבל לא יצא כנגד השבעה תחתונות לבד דכל פרצוף שנשברו, אלא כנגד כל העשר ספירות **דעתיק**, ונתחבר עם עשר ספירות דא"א. וכן כנגד כל העשר ספירות דב"ן דעתיק. ונתחבר כנגד כל העשר ספירות דא"א. וכן העשר ספירות דא"א. ואז נעשו העשר ספירות דעתיק וא"א מכתר שלהם, עד המלכות שבהם, כולם כלולים **ממ"ה ומב"ן**, אף על פי שבהג"ר שלהם לא היה בהם ירידה ומיתה ח"ו, על כל פנים כשיצא שם **מ"ה** יצא בשלמות. וכן או"א וישסו"ת וזו"ן, כולם כלולים משם **מ"ה וב"ן**, מכתר שלהם עד מלכות שבהם.

34

ע"ח ש"ט פ"ו מ"ב דמ"ה ע"ג – אמנם כפי האמת הם חמשה בחינות, כי הכתר למעלה מהארבעה, הוא ועמו הם חמשה פרצופים, הכוללים עשר ספירות כנודע, **והנה בכל אחד מאלו החמשה פרצופים יש בו עשר ספירות גמורות.**

35

רחובות הנהר ד"ב ע"ב – ידוע **כי חמשה נקודות יצאו מעינים דא"ק מבחינת ב"ן**, וכולן יצאו שלימות, כל אחת שלימה בכל חלקי הנקודה ההיא. באופן שכל אחת ואחת כוללת חמשה פרצופים, עתיק וא"א ואו"א וזו"ן. **וסדר שבירת הכלים היה בכל נקודה ונקודה מהם, דכל אחד ואחד מהם הג"ר עתיק וא"א ואו"א שבו נתקיימו, ושבעה תחתונות זו"ן שבו נשברו,** כמבואר כל זה בארוך בעץ חיים שער ט' פרק ו' ופרק ז' ופרק ג' משער י"ז, ובכמה מקומות משער הלקוטים, ומשער מאמרי הרשב"י ע"ה, וכן במבוא שערים ש"ב ח"ג פ"ו, יעו"ש.

36

נהר שלום דכ"ד ע"ד – והנה ידוע כי מיתת המלכים היתה בזו"ן דפרטות, ר"ל בזו"ן דעתיק, ובזו"ן דא"א, ובזו"ן דאבא, ובזו"ן דאימא, ובזו"ן דז"א, ובזו"ן דנוקבא, וכל פרצוף מאלו הפרצופים כלול מכל הפרצופים הנזכרים. וזה היה בפרט האחרון דפרטי פרטות, וכמבואר לעיל בהקדמה, וזה היה בפנימיות וחיצוניות דפנימיות, ובחיצוניות ופנימיות דחיצוניות, דפנים ודאחור. **והכלים עם הרפ"ח ניצוצות דמלכים דעתיק נפלו לעתיק דבי"ע, ודא"א לא"א דבי"ע, ודאו"א לאו"א דבי"ע, ודזו"ן לזו"ן דבי"ע. באופן זה כי הכלים**

היו מספר[37] סיבות למקרה המלכים דמיתו, והם מפוזרים לאורך ורוחב ספרי הרב ז"ל.

הפנימיים דמלכים הנזכרים נפלו לפרצופי הבריאה. והכלים האמצעיים ליצירה. וכלים החיצוניים שלהם לעשיה. ונתבאר בשער השמות ובכמה מקומות, כי כדי לברור הכלים ושארית הרפ"ח דכל פרט, יורדים כל הפרצופים העליונים דאצילות בימי החול בסוד גלות השכינה, ומתלבשים בפרצופים שכנגדם למטה בבי"ע. עתיק דאצילות בעתיק דבי"ע, וא"א בא"א, ואו"א באו"א, וזו"ן בזו"ן. כלים פנימיים שלהם בבריאה, ואמצעיים ביצירה, וחיצוניים בעשיה. ובי"ע הנזכר מתלבשים בבי"ע דחול, וזה לצורך שארית בירורי כלים ואורות דמלכים דזו"ן דעתיק, וא"א, ואו"א, וזו"ן דאצילות שנפלו לבי"ע על סדר הנזכר. **כי הכלים הפנימים של מלכי עתיק, וא"א, ואו"א, וזו"ן דאצילות נפלו לבריאה. וכלים האמצעיים של המלכים הנזכרים ליצירה. וכלים החיצוניים שלהם לעשיה,** כנודע. ועל כן בימי החול יורדים הכלים דפרצופים העליונים דאצילות על דרך הנז"ל, לברר בחינותיהם שנשארו בבי"ע.

רחובות הנהר ד"ב ע"ב – ובהגיע האור להגבול האצילות, אירע בהם ענין ביטול המלכים, ונפלו הכלים פנימי אמצעי וחיצון עם אורות דרפ"ח, **לבי"ע התחתונים** דאותה הספירה.

37

ט"ז סיבות למקרה המלכים

א. השבע מלכים יצאו מבחינת מלכויות, נפש, עגולים. ע"ח ש"ח פ"א, ע"ח ש"ט פ"ח, מבוא שערים ש"ב ח"א פ"ג.

ב. הג"ר יצאו בצורת סגולתא, וכל אחת כלולה מעשר, ומתפשטים בסוד קוין שכולם קשורים זה בזה, והז"ת יצאו בבחינת חד סמכא, ונפרדים זה מזה בסוד רשות הרבים, ולא בסוד מיתקלא. ע"ח ש"ט פ"ג, ע"ח ש"ט פ"ה, ע"ח שי"א פ"ה.

ג. כלי הו"ק לא יכלו לסבול יותר אורות מחלקם, והם קיבלו כל אחד חלקו וחלק חברו התחתון ממנו, ולא כן כשהיו בג"ר היו מתבטלים בערכם. ע"ח ש"ח פ"ה, מבוא שערים ש"ב ח"א פ"ו.

ד. האור של העשר ספירות פרצוף שלם, והכלים קטנים, נפרדים, וחסרים. ע"ח ש"ט פ"ה, ע"ח שי"י פ"ה, מבוא שערים ש"ב ח"ב פ"ב.

ה. הג"ר יצאו בגוף אחד, והיה בהם כח לקבל האור, השבע תחתונים יצאו נפרדות וחסרות, ולא יכלו לקבל האור שלהם. מבוא שערים ש"ב ח"ב פ"ג.

ו. הג"ר אין הדין ניכר בהם, והם רחמים, השבע תחתונים דינים נתגלו בהם, ולא יכלו לסבול אור הרחמים. מבוא שערים ש"ב ח"ב פ"ג.

ז. הנקודים יצאו מבחינת חיצוניות סמ"ב דס"ג וחיצוניות עסמ"ב דב"ן, שהם הענפים, והשורשים נשארו בפנימיות א"ק, ולא היה בכח הענפים לקבל את האור. ע"ח ש"ה פ"א, מבוא שערים ש"ב ח"ב פ"ג.

ח. הג"ר קבלו במקום שבולת הזקן אור האוזן, וגם אורות חוטם פה, והז"ת קבלו אורות החוטם פה משבולת הזקן ועד מקום הטבור. ע"ח ש"ח פ"ב, ע"ח שי"א פ"ה, מבוא שערים ש"ב ח"ב פ"ג.

ט. מלכי הנה"י דינין תקיפין, רצו להתגבר על מלכי החג"ת שהם רחמים. שער ההקדמות הקדמה אחת בטרם שנאצל עולם האצילות דל"ג ע"ג. ע"ח ש"ט פ"ה דמ"ה ע"א.

י. הג"ר דו"ק נשארו בפנימיות המאציל. מבוא שערים ש"ב ח"א פ"ה.

י"א. הג"ר לא נתקנו כפרצוף, לכן האור שיצא מהם לז"ת לא יכלו לקבלו. ע"ח שמ"ז פ"ה, שער ההקדמות דרושי אבי"ע דרוש ג' דע"ג ע"ג.

י"ב. לא היתה אהבה בין ספירה לספירה, וכל ספירה היתה יראה מהספירה שמעליה ומהספירה שמתחתיה. ע"ח שי"א פ"ה, שער ההקדמות הקדמה אחת בטרם שנאצל עולם האצילות דל"ב ע"ג.

י"ג. הסיגים מעורבים בכלים, והם גורמים פירוד. מבוא שערים ש"ב ח"ב פ"ג.

י"ד. לא נכנס האור על ידי התלבשותו בנה"י דישסו"ת בסוד כ"ל צמ"א, אלא באופן ישיר, ורק בתיקון התלבשו האורות בנה"י דישסו"ת. שער ההקדמות דרוש ה' בזמן העיבור השני דמוחין דל"ח ע"ב.

ט"ו. לא נתכללו אחד עם השני, וכל אחד מהמלכים היה בחינה בפני עצמה. ע"ח ש"ט פ"ג, מבוא שערים ש"ב ח"ב פ"ג.

טז"ז. תכלית כוונת המאציל היתה להוציא ולעשות בחינת קליפות לצורך הנבראים, כדי לתת שכר לצדיקים, ועונש לרשעים. ע"ח שי"א פ"ה.

שער ח' פרק ד'

ונבאר עתה מציאות יציאתן לחוץ. הנה כאשר יצאו אלו הנקודות שהם מכתר עד מלכות היתה
יציאתן היפך יציאת העקודים כי שם ביציאת העקודים יצאת מל' תחילה וכתר באחרונה וכאן
בנקודים הוא להיפך כי הכתר שלהם יצא בראשונה ובו היו כלולים כל הט' אחרים ואח"כ
יצאה החכמה ובו כלולים כל הח' וכעד"ז יצאה אמא ובה היו כלולים כל הז' אורות ואז היתה
היא נקראת אם הבנים ואח"כ הוצריאה היא הז' כולם כלולים בחסד, ואח"כ מתגלים בגבורה
וכעד"ז עד לסוף עד שנמצאת שיוצאת המל' באחרונה מכולם. עוד יש הפרש ב' והוא כי
בעקודים תחלה יצאו האורות ואח"כ נעשו הכלים כנ"ל אבל בנקודים יצאו תחלה הי' כלים זה
למטה מזה ונעשה ע"י הסתכלות העינים בג' אורות של אח"פ כנ"ל לכן אחר שיצאו הי' כלים
והונחו במקומן זה תחת זה כל א' לבדו אז יצא האור אח"כ)ב"א אח"פ(עד"ז שיצא הכתר
תחלה ונכנס בכלי שלו ובו כלולים כל הט' אורות וכן החכמה יצאה אח"כ ובו כלולים כל הח'
וכעד"ז עד שיצאה המל' לבדה באחרונה. נמצא שיצא הכתר תחלה ונכנס בכלי שלו והיו
כלולים בו כל הט' אורות ואח"כ נשאר אור הכתר בכלי שלו ויצא אור החכמה עם ח' אחרים
כלולים בו ונכנס בכלי החכמה וכעד"ז עד שסיימו כולם לכנוס בכלים שלהם. אבל דע כי כאשר
אור הכתר נכנס תחלה בכלי שלו היו שאר האורות בטלים בו בערכו שהוא גדול מכולם יחד
ולכן היה יכולת בכלי שלו לסובלו ולסבול ט' אורות האחרים ולא נשבר וכן כאשר יצאה אור
החכמה ונכנס בכלי שלו היו הח' אורות כלולים בו וכן בצאת אור הבינה כלולה מז' אורות
ונכנסים בכלי שלה היו הכלים יכולים לסבול ולא נשברו כי כולם הם בטלים בערך או"א דמיון
הבנים שבתחלה עומדים כלולים במוח אביהם בסוד טיפת מוח וכן בהיות בנים בסוד עיבור
במעי אמן יכולין להיות שם והיא יכולה לסובלם)ונתנה החכמה בבינה בסוד זווג פנים בפנים
והיו כולם בכלי הבינה כי תחלה היו אחור ונזדווג הכתר מניה וביה והמשיך מוחין להם
ואז חזרו פנים בפנים וזו"ן ניתנו בה והיו בה בסוד מ"ן והיו מעמידין מוחין דאו"א על עמדן
ואחר כך נזדווגו יחד או"א והוציאו ז' מלכים אלו(ולכן היה בחי' התיקון בג"ר ולא נשברו כלל
וכאשר היו הז"ת כלולין במעי אמם היו שם בבחי' מ"ן המעוררין זווג עליון אמנם בצאת משם
הז"ת שהם הז' מלכים שמלכו בארץ אדום ורצו ליכנס בכלים שלהם ולא יכלו הכלים לסבול
ונשברו ומתו כמ"ש בע"ה ולכן נבאר תחלה סדר ז' מלכים אלו כי הנה הם מהדעת ולמטה דעת
א' חסד ב' גבורה ג' ת"ת ד' נ"ה הם תרי פלגי גופא והם ה' יסוד ו' מל' ז' כי הנ"ה נחשבים כ"א
חצי הגוף ובין שניהם הם אחד לבד ודע כי כל אלו הם ענין המלכים הנזכר בפרשת וישלח
ואלה המלכים אשר מלכו בארץ אדום וזה פרטן בלע בן בעור זה דעת וכבר הודעתיך כי בלעם
הוא בלע כשארז"ל והוא בסוד דעת דקליפה אשר ע"כ היה שקול באומות העולם כמשה
בישראל לפי שמשה בחי' דעת עליון דאבא שבז"א והנה זהו הענין וייודע דעת עליון הנאמר
בבלעם שיצא מהסיגי דעת זה כמבואר אצלינו במ"א באריכות. יובב הוא חסד וזהו בן זרח
לשון זריחה כי הוא בחינת חסד הנקרא אור כנודע. חשם הוא גבורה כי הוא סוד ה"ג ואותיות

חשם הוא חמש וס"ת חשם מארץ התמני מי"ץ ור"ת חמה והם סוד הפסוק כי מיץ חלב יוצא
חמה כי חמה וחמאה הם אותיות שוין והם בחי' הגבורות שהם דם ונהפכים בבטן המלאה לחלב
ומן אותו המיץ נעשה חמאה להאכיל התינוק.)והדד בן בדד הוא הת"ת ונקרא כן כמה שנודע
כי לפעמים אבא ויש"ס נעשים חד פרצוף וכן בבינה ותבונה חד פרצוף וזה מה שהיה תחלה
מקום היסוד דבינה הוא עתה מקום החזה של בחי' כל הפרצוף ושם נעשו הדדים וזהו הדד בן
בדד ב"פ דד שהם בחזה הת"ת וכן אותיות בדד ב' דד ובמות זה המלך צמקו דדי בינה כדרך
האשה שדדיה צומקים במות הילד שלה והיא בי' התפשטות הה"ג ביסוד אמא עלאה כנזכר
בפ"ו שנפלו אז אשר הם דם ונעשו חלב ועתה צמקו(.)ושמלה ממשרקה)ובעל חנן בן עכבור(
הם נ"ה תרי פלגי גופא. והנה שאול מרחובות הנהר הוא יסוד בסוד מה שהודעתיך כי יסוד
בינה הוא רחב להיותה נקבה ונקרא רחובות הנהר ור"ת שאול מרחובות הנהר משה כי משה
הוא יסוד דאבא כנ"ל ושאול המלך היה מבחי' זו. וז"ש בשאול והנה הוא נחבא אל הכלים פי'
כאשר נשברו אלו המלכים כמ"ש כמ"א כל האורות נסתלקו מתוכם ונשארו מאנין תבירין ולא
נשארו בהם רק בחי' רפ"ח ניצוצין כמ"ש בע"ה בשער מיוחד. ואמנם בכלי של היסוד נשאר
אור אחד זולת הרפ"ח ניצוצין כדי להחיות את כלי המל' דלית לה מגרמה כלום וזה האור
שנשאר שם בחי' שאול הנחבא אל הכלים שם בכלי היסוד מה שלא נשאר בכלי אחר ולפי
שהיה)שלא(בעת השבירה ומיתה נקרא לשון מתחבא כי הראוי היה שיסתלק גם הוא ונשאר
שם בההחבא וסיבה זו היתה לצורך המל' לכן זכה שאול למלוכה והבן זה.

פרק ד' מ"ת[38]

דרוש זה מקורו מספר אוצרות חיים וצריך לכתוב מ"ת בראש הדרוש.

ידוע כי ג"ר נקראים פנים בערך ו'ק, והוא כי כל[39] פרצוף נחלק לג' חלקים חב"ד חג"ת נה"י, כאשר חב"ד נקראים כלים פנימים, חג"ת כלים אמצעים, ונה"י נקראים כלים חיצוניים. גם הם נקראים[40] נר"ן, כאשר נה"י הוא בכללות נקרא נפש, חג"ת רוח, וחב"ד נשמה. הרב ז"ל מבאר[41] בכל המקומות על שבירה, מיתה, ויירידת **פנים ואחור** דשבעה

38

הגהות וביאורים (ד) — מכאן עד ד"ה אמנם בצאת, הוא במבוא שערים דף י"א ע"א.

39

ע"ח ח"ב ש"ל דרוש א' מ' דכ"ו ע"א — דע כי ז"א יש לו ג' פרצופים, וכל אחד כלול מעשרה ספירות, והם זה תוך עשרה, תוך עשרה, ועשרה אחרים בפנימיות כולם. ואלו השלושה פרצופים הם כולם בחינת כלים, והם שלושים כלים, וכולם הם ביחד גוף א'חד, וכלי א'חד, ובתוכו יש האורות, שהם נר"ן וכו', ובהיות שלשתן יחד זה תוך זה הם שוים בקומתן, אבל לפעמים אין לז"א רק פרצוף החיצון מהם בלבד, ולפעמים שניהן, ולפעמים שלשתן. ובתחלה מתחיל הז"א להיות בו **פרצוף החיצון**, ואז הוא שיעור קומתו הוא שליש גדולתו לבד והוא **כשיעור קומת נה"י** אחר הגדלות האחרון. ואחר כך נכנס בו **פרצוף אמצעי**, ומתלבש בתוך החיצון, ואז נגדל ז"א ב' שלישי קומתו, **שהם נה"י וחג"ת**, בין בחינת פרצוף החיצון ובין פרצוף האמצעי, כי אמצעי גורם אל החיצון שיגדל כמוהו. ואחר כך נכנס בו **הפרצוף הפנימי**, ומתלבש בתוך האמצעי, ואז גם ב' הפרצופים החיצון ואמצעי נגדלים כאורך הפרצוף הפנימי, ואז נשלם ז"א כשיעור קומתו לג' הפרצופים. והוא כאלו נמשיל משל, **כי החיצון שיעור קומתו כשיעור נה"י דז"א בגדלות, והאמצעי כשיעור נה"י וחג"ת דגדלות, והפנימי כשיעור נה"י חג"ת חב"ד בגדלותו**. ולכן בבא האמצעי מגדיל את החיצון כמוהו, ובבא הפנימי מגדיל שניהן כמוהו.

ע"ח שי"ט פ"י מ"ב דצ"ה ע"ג — והנה הכלים הם שלושה, בחינת **חיצון ואמצעי ופנימי**.

ע"ח ח"ב ש"ל דרוש ב' מ"ב דכ"ז ע"א — באופן כי יש לכל פרצוף עשר ספירות, הנקרא כלים, ונחלקים לג' חלקים, והם עשר כלים חיצוניות, מדור אל הנפש. עשר כלים אמצעים מלובשים תוך חיצוניות, והם מדור אל הרוח. ועשר כלים פנימים מלובשים תוך הכלים אמצעים, והוא מדור אל הנשמה. והם הם שלושים כלים, אבל גובה קומתן אינם אלא עשרה, לפי שהם עשר תוך עשר, ועשר תוך עשר.

40

נהר שלום, דרוש הדעת דמ"א ע"ג — ונבאר עתה כל זה בפרטות פרצוף אחד שהוא זעיר, וממנו תקיש בכללות כל הפרצופין יחד, דע כי ז"א הוא פרצוף אחד כולל עצמות וכלים, והכלים שבו הם נכללים בג', כי הכבד למטה, וכולל עשר מדות שהם בכל האיברים, ומתלבש ע"י הורידין שבו, בכל הגוף. והלב גבוה ממנו, וכולל עשר מדות, ומתלבש תוך בחינת הכבד, ע"י הדפקים שבו, ומתפשט בכל הגוף, והמוח גבוה מכולם, וכולל עשר מדות, מתלבשים תוך בחינת הלב, ע"י הגידים, המתפשטים ממנו, ומתפשט בכל הגוף, ועד"ז ממש נחלק העצמות בג', נשמה ורוח ונפש. מתלבשים זה בתוך זה, ומתפשטים בכל הגוף, לכן הכבד משכן הנפש, והלב משכן הרוח, והמוח משכן הנשמה.

41

ע"ח ש"ח פ"ב מ"ת ל"ו ע"ג — אמנם השבעה מלכים תתאין מתו, לפי שכליהם נעשו מהסתכלות עין בחוטם פה לבד, והיה חסר מהם אור האזן העליונה. והנה גם בג"ר עצמם יש בהם חילוק בין זו לזו, והוא)נ"א והנה(כי מן הכתר לא ירד ממנו אפילו האחוריים, אלא האחוריים של נה"י בלבד. אבל באו"א של הנקודים ירדו האחוריים שלהם לבד, ונשארו הפנים במקומה. וטעם הדבר הוא כי אלו האורות שנמשכים עד שבולת הזקן נחלקו לשלושה, כי הכתר לקח מבחינת האזן עצמה ממה שהראייה שואבת בהסתכלות באור האזן, ומכל שכן שנכללים בו שני אורות אחרים, ומזה נעשה כלי לכתר נקודים. ואבא לקח ממה שהראייה שואבת מאורות

התחתונות דנקודים, לפי פשט הדברים נראה שחב"ד חג"ת ונה"י דמלכים נשברו ומתו וירדו לעולמות בי"ע. עם[42] כל זאת רק חג"ת נהי"מ דמלכים נשברו ומתו, שהם הבחינה החיצונה והאמצעית, והסיבה[43] שהרב ז"ל קורא לחג"ת נה"י

החוטם, וגם אור הפה נכלל בו. והנה הכתר שלקחה מן האזן הארתו גדולה מאד לא נשבר כלי שלו, אבל או"א שאין לוקחין רק מן החוטם ופה נשברו האחוריים של כליהם. והנה או"א אם היו מקבלים אור זה של חוטם ופה של א"ק, בהיותו למעלה קרוב אל מקום נקבי האזן, אף על פי שלא היו מקבלין מאורות האזן עצמה, רק קצת הארה היו מתקיימין האחוריים של כליהם, אבל כיון שאין מקבלין רק מרות האזן שהוא מקום שבולת הזקן, לכן אף על פי שלוקחין קצת הארה אינו מועיל להם, ולכן נשברו האחוריים של כליהם. אבל הכתר כיון שלוקחה אור האזן ממש אף על פי שלקחו סיומו כיון שהוא לוקחה לוקחה עצמותו, די בזה ולא נשבר אפילו האחוריים של כלים דידיה. מה שאין כן באו"א שאינם לוקחין רק הארה בעלמא, וגם שהוא ברחוק מקום. והרי נתבאר שלושה בחינות אלו, והם כי הכתר נתקיים כולו. ואו"א נשברו ונפלו האחוריים שלהם. **וזו"ן נפלו פנים והאחוריים שלהם**, והנה זהו הטעם שנרמז בפסוק והארץ היתה תהו ובהו, אשר הוא מדבר בענין מיתת המלכים של הנקודים כנזכר לעיל.

ע"ח ש"ח פ"ו מ"ד דט"י ע"ג – וכבר נתבאר לעיל כי אלו שבעת מלכים לקחו אורם מגוף א"ק שתחת שבולת הזקן, ולא מלעלה. נמצא שהם חסרים בחינת שלושה אורות עליונים שהם אח"פ, **כי לכן נשברו הפנים והאחוריים שלהם**, ואלו הם בחינת ג' תגין שיש למעלה על כל אות מאלו השבעה הנזכר לעיל. כי הם מורים על הסתלקות האורות וההיות מן הכלים, שהם אותיות, ונשאר האור למעלה מהם ולא בתוכם, כדרך צורת התגין על האותיות. אבל האותיות בד' חי"ה הם האחוריים דאו"א שירדו.

ע"ח ש"ט פ"ג מ"ד ע"ד – ונבאר עתה איך בעת מיתת המלכים אלו ירדו הכלים שלהם לעולם הבריאה כנזכר לעיל, משאין כן בארבעה אחוריים דאו"א. כי הנה נתבאר החילוק שהיה בין או"א לשבעה המלכים, שהם זו"נ, ואמרנו כי השבעה מלכים שהם זו"נ מתו ממש, וירדו אל עולם הבריאה, הכלים שלהם ואחוריים של או"א נתבטלו ולא מתו, אלא שירדו למטה בעולם אצילות עצמו, ושם ביארנו טעם לזה, ואמרנו שהיה לסיבה שהשבעה מלכים לא קבלו אורות אח"פ דא"ק, רק מגופא דיליה ואילך. והנה לטעם זה עצמו היה גם כן שינוי אחר בין ג"ר שהם כח"ב, אל השבעה מלכים התחתונים, כי הג"ר יצאו בקצת תיקון בראשונה, והוא כי כאשר יצאו בראשונה נתפשטו כסדר ג' קוין, מה שאין כן שבעה תחתונות שיצאו זו למטה זו, וזה שכתוב באדרא רבא - עד אימת ניתב בקיימא דחד סמכא, ר"ל נתקן התיקון שהוא דרך קוין, אבל קודם שהיו זה על גבי זה, הוי קיומא דחד סמכא. וכבר ביארנו כי התיקון האצילות הוא בהיות ששה קצות עשוי בבחינת ג' קוים קשורים זה בזה, בסוד השלישי המכריע ביניהן, ואז נקרא רשות היחיד. אבל בהיותן זה על גבי זה והם נפרדין אחת מחברתה, אז נקרא רשות הרבים. ולכן הג"ר נתבטלו אחוריהם ולא מתו, **ושבעה מלכים מתו פנים ואחור**, כי יצאו בלי תיקון כלל.

ע"ח ש"ט פ"ז מ"ב דמ"ו ע"ד – ויצאו שבעה תחתונות מדעת ולמטה בלבד, וכולם יצאו מן בינה דז"א הכלולה תוך אימא עילאה כנזכר לעיל, שלא יצאה, **ואז כל השבעה מתו פנים ואחור**, וירדו בבי"ע.

[42]

ע"ח ח"ב ש"ל דרוש א' מ"ב דכ"ו ע"ד – גם תבין כי פרצוף האמצעי אף כי נקרא אחור בערך השלישי הפנימי מכולם, **אמנם לפעמים נקרא פנימי בערך החיצון שבכולם**. ובזה תבין מה שנתבאר אצלינו כי בעת מיתת המלכים של ז"א היה בו אחור ופנים, והוא לסבת היות בו תמיד נה"י חג"ת, ו"ק, שהם פרצוף החיצון ואמצעי כנזכר לעיל, **ואז החיצון נקרא אחור, ואמצעי פנימי בערך החיצון**, והבן זה.

[43]

נהר שלום די"ב ע"ד – והענין בקיצור נמרץ, ידוע כי כל העולמות מראש א"ק עד סוף העשיה, כלולים מחיצוניות ופנימיות, וכל אחד משניהם נחלק לחיצוניות ופנימיות, **ואין לך שום בריה שאינה כלולה מחיצוניות ופנימיות**, אמנם החיצוניות דכללות כל העולמות הם העיגולים דכל העולמות, והפנימיות הוא היושר דכל העולמות, וכל אחד נחלק לחיצוניות ופנימיות, שהם הכלים והאורות, גוף ונשמה, כי הכלים שהם העשר ספירות דכל פרצוף, נקרא חיצוניות בערך הפנימיות, שהם האורות והנרנח"י, המלובשים בהם. וכן בפרטות העשר ספירות הנחלקים לשלשה פרצופים, נה"י חג"ת וחב"ד, מתלבשים זה בתוך זה. **כי פרצוף דנה"י המלביש לפרצוף חג"ת נקרא חיצוניות בערך פרצוף החג"ת המתלבש בתוכו, ופרצוף החג"ת נקרא פנימיות אליו**. ופרצוף החג"ת נקרא חיצוניות בערך פרצוף החב"ד המתלבש בו, והחב"ד הוא פנימיות

פנים ואחור היא שמדובר בערכין, כי חג"ת נקראים אחור בערך חב"ד, ונקראים פנים בערך הנה"י. לכן צריך **לזכור ולדעת** כי בכל מקום שנזכר פנים ואחור דז"א דמקרה המלכים, מדובר אך ורק בו"ק דז"א.

דע כי בכל מקום שהרב ז"ל מבאר כי המלכים דמיתו ירדו לעולם הבריאה, הכוונה[44] היא לכל עולמות בי"ע, כאשר הכלי הפנימי ירד לעולם הבריאה, הכלי האמצעי לעולם היצירה, והכלי החיצון לעולם העשיה.

בפרקים הקודמים הרב ז"ל ביאר[45] את אופן עשיית הכלים דעולם הנקודים, והוא שאור העין הסתכל באורות האח"פ, ושאב ממנו אור לעשיית הכלים. כאן מבאר הרב ז"ל את אופן יציאתם של האורות דנקודים, וכניסתם בכלים שלהם.

אליו. וכל זה הפרצוף הכלול מחב"ד וחג"ת ונה"י נקרא חיצוניות בערך הפרצוף העליון המתלבש בו, וכן על דרך זה מפרצוף לפרצוף, עד א"ס.

44

ע"ח ש"ט פ"ז מ"ב דמ"ו ע"ב – והנה כאשר יצאו כל האצילות מבחינת ב"ן לבד, והיה כולל עתיק, וא"א, ואו"א, וזו"ן. ואז יצאו תחלה כל הכלים שלהם זה תחת זה עד סיום עולם האצילות, ואחר כך יצאו אורות דב"ן כל פרטי אצילות, ויצא תחלה כתר דעתיק דאצילות, שבו נכללין כל האורות, ונתקיים, ואחר כך יצאה חכמה דעתיק בכלי שלו, ובו היו כלולים כל שאר האורות ונתקיים, ואחר כך יצאה בינה דעתיק, ובו כלולין כל שאר האורות ונתקיים, ואחר כך יצאו שבעה תחתונות דעתיק,)נ"א דדעת(הדעת למטה כל אחד כלול בכלי שלו, ובו כלולים כל שאר האורות, והיה נשבר, **וירד פנימיות הכלי לבריאה, וחיצוניות הכלי ירד ביצירה, וחיצוניות של חיצוניות בעשייה**, ואחר כך האור ההוא נשאר בלי כלי, ושאר האורות ירדו בכלי השני של השבעה תחתונות, וגם הוא נשבר על דרך הנזכר לעיל,)נ"א נשאר ע"ד הנ"ל(והאור שלו נשאר בלי לבוש, ושאר האורות ירדו לכלי שלמטה ממנו, וכן על דרך זה עד שנגמרו שבעה תחתונות שלו, ואחר כך נכנס הכתר דאריך אנפין בכלי שלו...............

נהר שלום דכ"ד ע"ד – והנה ידוע כי מיתת המלכים היתה בזו"ן דפרטות, ר"ל בזו"ן דעתיק, ובזו"ן דא"א, ובזו"ן דאבא, ובזו"ן דאימא, ובזו"ן דז"א, ובזו"ן דנוקבא, וכל פרצוף מאלו הפרצופים כלול מכל הפרצופים הנזכרים. וזה היה בפרט האחרון דפרטי פרטות. וכמבואר לעיל בהקדמה, וזה היה בפנימיות וחיצוניות דפנימיות, ובחיצוניות ופנימיות דחיצוניות, דפנים ודאחור. **והכלים עם הרפ"ח ניצוצות דמלכים דעתיק נפלו לעתיק דבי"ע, ודא"א לא"א דבי"ע, ודאו"א לאו"א דבי"ע, ודזו"ן לזו"ן דבי"ע. באופן זה כי הכלים הפנימיים דמלכים הנזכרים נפלו לפרצופי הבריאה. והכלים האמצעיים ליצירה. וכלים החיצוניים שלהם לעשיה**. ונתבאר בשער השמות ובכמה מקומות, כי כדי לברור הכלים ושארית הרפ"ח דכל פרט, יורדים כל הפרצופים העליונים דאצילות בימי החול בסוד גלות השכינה, ומתלבשים בפרצופים שכנגדם למטה בבי"ע. עתיק דאצילות בעתיק דבי"ע, וא"א בא"א, ואו"א באו"א, וזו"ן בזו"ן. כלים פנימים שלהם בבריאה, ואמצעיים ביצירה, וחיצונים בעשיה. ובי"ע הנזכר מתלבשים בבי"ע דחול, וזה לצורך שארית בירורי כלים ואורות דמלכים דזו"ן דעתיק, וא"א, ואו"א, וזו"ן דאצילות שנפלו לבי"ע על סדר הנזכר. **כי הכלים הפנימים של מלכי עתיק, וא"א, ואו"א, וזו"ן דאצילות נפלו לבריאה. וכלים האמצעיים של המלכים הנזכרים ליצירה. וכלים החיצוניים שלהם לעשיה**, כנודע. ועל כן בימי החול יורדים הכלים דפרצופים העליונים דאצילות על דרך הנז"ל, לברר בחינותיהם שנשארו בבי"ע.

רחובות הנהר ד"ב ע"ב – ובהגיע האור לגבול האצילות, אירע בהם ענין ביטול המלכים, ונפלו הכלים פנימי אמצעי וחיצון עם אורות דרפ"ח, **לבי"ע התחתונים** דאותה הספירה.

45

ע"ח ש"ח פ"ג מ"ת דל"ו ע"ב – ועוד יש אור שלישי, והוא בהכרח כי כאשר יורד ומתפשט אור העין למטה דרך העקודים)נ"א ועוד אור שלישי הוא לקח כי בהכרח כשירד אור העין הוא עובר דך אזן חטם פה(, **הנה הוא מסתכל באורות אח"פ ההם, והוא שואב משם ולוקח מהם אור לצורך עשיית הכלים של הנקודות**, ולוקח מג' בחינות, שהם אורות אח"פ. והענין הוא באופן זה כי הנה נתבאר שאורות האזן נתפשטו עד שבולת הזקן, ואורות חוטם ופה עוברים גם כן דרך שם, ואם כן מוכרח הוא שכאשר נמשך אור העינים דא"ק דרך שם, יתערב עמהם, ויקח אור שלהם. והנה עשר נקודות הם, והג' ראשונים שבהם, הם לוקחים אור ממה שנמשך מהסתכלות העין באח"פ, ממקומם עד מקום התחברות בשבולת הזקן כנודע, ואינם מקבלים

וֹנבאר[46] עַתה מציאות יצִיאתָן[47] של האורות[48] דנקודים דרך העינים דא"ק בפרטות, והתלבשותם בכלים שלהם. **הנה כאשר יצאו אלו**[49]]דל"ה ע"ב 75[האורות של הנֹקֹודֹות,

---

אותם רק בשבולת הזקן, כי משם מתחילין הן ולא ממה שבשבולת הזקן ולמעלה,)נ"א בשבולת הזקן ולא ממה שבשבולת הזקן ולמעלה ואינם מקבלין רק בשבולת הזקן כי משם מתחילים הן ולא ממה שכנגד העין עד שבולת הזקן(אבל ז' נקודות התחתונים אין לוקחין רק ממה שנמשך מהסתכלות באורות החוטם והפה, משבולת הזקן ולמטה, כנודע כי החוטם מגיע עד החזה, והפה עד הטבור, ולא משבולת הזקן ולמעלה. ונמצא כי לפי זה ג' נקודות לוקחין הארה לצורך הכלים שלהם מן ג' האורות שהם אח"פ בשבולת דוקא, אבל ז"ת אינן לוקחין רק מב' אורות לבד, שהם חוטם ופה משבולת ולמטה עד הטבור, כי אור אזן העליונה כבר נגמרה ונסתמה בשבולת הזקן, ולכן גדולה היא הארה ג' נקודות עליונים מן השבעה תחתונות. ולסבה זו ג' מלכים הראשונים לא מתו, לפי שיש להם הארה גדולה, והכלי שלהם מעולה מאד, לפי שנעשה מבחינת אזן העליונה ומהחוטם ופה, **כי בהסתכלות העין באורות האזן חוטם פה נעשו הכלים שלהם** כנזכר לעיל, כי לקחו כליהם ממקום שעדיין אורות האזן שהם בחינת נשמה נמשכים שם, שהוא עד שבולת הזקן כנזכר לעיל. **אמנם השבעה מלכים תתאין מתו, לפי שכליהם נעשו מהסתכלות עין בחוטם פה לבד, והיה חסר מהם אור האזן העליונה.** והנה גם בג"ר עצמם יש בהם חילוק בין זו לזו, והוא)נ"א והנה(כי מן הכתר לא ירד ממנו אפילו האחוריים, אלא האחוריים של נה"י בלבד. אבל באו"א של הנקודים ירדו האחוריים שלהם לבד, ונשארו הפנים במקומה. וטעם הדבר הוא כי אלו האורות שנמשכים עד שבולת הזקן נחלקו לג' כי הכתר לקח מבחינת האזן עצמה, ממה שהראייה שואבת בהסתכלות באור האזן, ומכל שכן שנכללים בו ב' אורות אחרים, ומזה נעשה כלי לכתר נקודים. ואבא לקח ממה שהראייה שואבת מאורות החוטם וגם אור הפה נכלל בו. והנה הכתר שלקח מן האזן הארתו גדולה מאד, לא נשבר כלי שלו, אבל או"א שאין לוקחין רק מן החוטם ופה נשברו האחוריים של כליהם. והנה או"א אם היו מקבלים אור זה של חוטם ופה של א"ק בהיותו למעלה קרוב אל מקום נקבי האזן אף על פי שלא היו מקבלין מאורות האזן עצמה רק קצת הארה היו מתקיימין האחוריים של כליהם, אבל כיון שאין מקבלין רק מסיום האזן שהוא מקום שבולת הזקן, לכן אף על פי שלוקחין קצת הארה, אינו מועיל להם, ולכן נשברו האחוריים של כליהם. אבל הכתר כיון שלוקחה אור האזן ממש אף על פי שלקחו סיומו, כיון שהוא לוקח עצמותו, די בזה ולא נשבר אפילו האחוריים של כלים דידיה. מה שאין כן באו"א שאינן לוקחין רק הארה בעלמא, וגם שהוא ברחוק מקום. והרי נתבאר ג' בחינות אלו, והם כי הכתר נתקיים כולו. ואו"א נשברו ונפלו האחוריים שלהם. וזו"ן נפלו פנים והאחוריים שלהם.

46

בית לחם יהודה ש"ח פ"ח דכ"ה ע"ב — ונבאר עתה מציאת יציאתן לחוץ. מדבר באורות הנקודים ולא בכלים. יפה שעה באות ב')אש"ל(.

47

כרם שלמה ש"ח פ"ח אות א' — מה שכתב מציאות יציאתן לחוץ, מדבר על האורות של הנקודים, שיצאו מן העין לחוץ, ולא האור החדש שמאיר להם. וז"ל מבוא שערים שם ריש פרק ו' - ונבאר עתה אופן התחלת הנקודים, ויציאתן מן אורות העין דא"ק, עד כאן לשונו. ולזה כתב כאן **יציאתן, לחוץ** דייקא, כי הוא מדבר על יציאת האורות מן העין לחוץ. ועוד שמדבר על חלק האורות ולא חלק הכלים, כי אם מדבר על הכלים, לא יפול עליהם לשון **יציאתן לחוץ**, כי הם נעשו מאורות האח"פ שהם בחוץ, כי בעובר אור העין עליהם אז שאב מהם חלק אור לצורך הכלים. ועוד ראייה שזה מדבר על האורות ולא על הכלים, כי כתב כי הכתר יצא בראשונה, ובו כלולים כל התשעה וכו', וכן החכמה ובה היו כלולים כל השמונה וכו', וידוע שזה מדבר על האורות, כמו שמבאר לקמן בסמוך בהפרש השני - אז יצא האור על דרך זה שיצא הכתר תחילה, ובו כלולים כל התשעה אורות וכו', והוא על בחינה הזו הנזכרת כאן.

48

מבוא שערים ש"ב ח"א פ"ו ד"ד ע"ב — ונבאר עתה התחלת הנקודים ויציאתם **מן האורות עין דא"ק**, ואמנם יציאתם לא היתה כיציאת העקודים, כי הם יצאה המלכות ראשונה מכולם, והכתר באחרונה, כנזכר לעיל ש"א ח"ג פ"ג. אכן פה היה להפך, כי תחילה יצא הכתר, ובו כלולים כל התשעה שאחריה, ונשאר

שֶׁהֵם מִכֶּתֶר עַד מַלְכוּת מטבור דא"ק עד סיום רגליו, **הָיְתָה יְצִיאָתָן הִיפֶּךְ יְצִיאַת הָעֲקוּדִים** מפה דא"ק בהתפשטות הראשונה, **כִּי[50] שָׁם בִּיצִיאַת** האורות[51] של **הָעֲקוּדִים** בהתפשטות הראשונה מפה דא"ק **יָצְאַת[52] מַלְכוּת תְּחִילָה,** ואחר כך היסוד, הוד, נצח, תפארת, גבורה, חסד, בינה, חכמה **וְכֶתֶר בָּאַחֲרוֹנָה,** ואחרי[53] חזרתם של האורות דעקודים לפה דא"ק כדי להשתלם, חזרו[54] ויצאו האורות דעקודים בהתפשטות השניה בסוד מטי ולא מטי, וסדר יציאתם הוא כמו סדר יציאת

במקומו, ואחר כך יצא החכמה מכלי הכתר, ונכנס במקומו, ועמו כלולין כל השמונה שתחתיה. וכן עד סוף, עד שיצאה מלכות באחרונה במקומה, וכמו שנבאר זה באורך להלן.
49

שמן ששון ש"ח פ"ד דח"י ע"ד אות א' – אלו הנקודים היתה יציאתן היפך יציאת העקודים, כי שם יצא מלכות תחילה וכתר באחרונה כו'. שם שער העקודים פרק ג'. ועיין, דאין זה אלא בהתפשטות הראשונה, אבל בהתפשטות השניה היה על דרך שהיה בנקודים, דכל האורות נכנסו תחילה בכתר, יעוין שם פרק ב'.
50

ע"ח ש"ו פ"ג מ"ת דכ"ו ע"א – והנה כל העשר ספירות יצאו, אבל לא יצאו יחד כולם, רק תחלה יצאה **בחינת מלכות** מעולם העקודים, היפך מעולם הנקודים, וכמו שנבאר במקומו בע"ה. ומלכות זו יצאה בבחינת נפש לבד, כי אין לך ספירה שאין לה בחינת נר"ן כנודע, ואמנם לא יצאו עתה רק בבחינת נפש לבד. והנה תחלה יצאה מלכות בבחינת נפש, ואחר כך כאשר יצאה בחינת היסוד לא נתגלה (בחי' היסוד רק בחינת נפש לבד לעצמו, אבל נתוסף הארה במלכות, שנתגלה בה בחינת רוח. וטעם הדבר הוא לפי שסוד הרוח בא מו"ק כנודע, ולכן בבא היסוד התחיל להתגלות במלכות בחינת הרוח, ואינו נשלם לגמרי עד שיצאו כל הו"ק, שהוא מיסוד עד החסד, ואז נגמר בחינת הרוח כולו של מלכות, ובבא כל אחד מהם היה מתגלה במלכות קצה אחד מבחינת רוח, כמו שכתוב בזוהר תרומה.... רק כאשר נשלמו כל השׁשׁה אז נמצא שנגמר כל הז"א בבחינת נפש. ואחר כך יצאה הבינה בבחינת נפש לבד לעצמה, ובחינת רוח לז"א, ובחינת נשמה למלכות. ואחר כך יצאה החכמה בבחינת נפש לעצמה, ובחינת רוח לבינה, ובחינת נשמה לז"א, ובחינת חיה למלכות. אחר כך יצאה הכתר בחינת נפש לעצמה, ובחינת רוח לאבא, ובחינת נשמה לאימא, ובחינת חיה לז"א, ובחינת יחידה למלכות. והרי כי בבוא כתר שהוא אחרונה מכולם, לא יצאה כי אם בבחינת נפש לבד.
51

תרשים ד – א.
52

בית לחם יהודה ש"ח פ"ד דכ"ה ע"ב – יצאת המלכות תחלה וכתר באחרונה. כמו שמבואר בסוף פרק ב' דשער ז'.
53

ע"ח ש"ו פ"ג מ"ת דכ"ו ע"ב – ואמנם בבוא כתר נמצא המלכות שלימה מכל ה' אורות פנימיים שהם נרנח"י, ועתה היו חסרים עדיין כל הספירות כנזכר לעיל שיצאו חסרים בלי תשלומין, והיה זה ממש בכוונה גמורה כנזכר לעיל. **ולכן הוצרכו לחזור ולעלות אל המאציל לקבל מִמֶּנּוּ תַשְׁלוּמֵיהֶן.** ואמנם עתה בחזרה היה הכתר חוזר בתחלת כולם, נמצא שיצא אחרון ונכנס ראשון, והמלכות היה להיפך, כי יצאה ראשונה ונכנסה אחרונה, וזה סוד הפסוק אני ראשון ואני אחרון, וביאור זה הפסוק יצדק בין בספירת הכתר, בין בספירת המלכות, אלא שזה היפך זה, והוא כמו שנודע כי אנ"י הוא כינוי אל המלכות, ובהפוכו אי"ן כנוי אל הכתר. והנה בהתעלם הכתר במקומו (נ"א אל מקורו) עלתה החכמה במקום הכתר, ובינה במקום חכמה, וכן על דרך זה כולם, עד שנמצא המלכות במקום היסוד......
54

ע"ח ש"ז פ"ב מ"ק דל"א ע"א – אמנם מציאות מטי ולא מטי צריך לבאר היטב מה ענינו, ונאמר כי תחלה מתחיל האור לבא בכתר, וכל התשעה אורות כלולים בו, ואחר כך חזר להיות בחינת לא מטי (נ"א בחינת מטי ולא מטי) שחזר ויצא משם אור המגיע אל הכתר, אך התשעה אורות אחרים היו נשארים בכתר כי יש כח בכתר לסובלם, ואז בעת אשר לא מטי בכתר האור אליו, אז ממשיך כתר אל החכמה פנים בפנים כנזכר לעיל את התשעה אורות, ונתנם בחכמה. ואז החכמה הפכה פניה אחר שקבלה התשעה אורות, ומאירה לבינה......

29

אורות הנקודים כאן, בהתפשטות השניה דאורות העקודים, האור המתלבש בכלי הכתר בא תחילה עם שאר האורות התחתונים איתו, ואחריו האור המתלבש בכלי החכמה עם שאר האורות התחתונים איתו, ועל דרך זה עד האור המתלבש בכלי המלכות.

וכאן בעולם ה**נּּקוּדים הוא להיפך, כי** אור **הכתר שלהם יצא בראשונה** והתלבש בתוך כלי הכתר, [55] **ובו היו כלולים כל התשעה ה**אורות **האזרים** בכח ולא בפועל, ונשאר אור הכתר בכלי הכתר, **ואזר כך יצאה** אור **החכמה** והתלבשה בכלי החכמה, **ובו כלולים כל השמונה** אורות האחרים, בכח ולא בפועל, ונשאר אור החכמה בכלי החכמה, **וכן על דרך זה יצאה** האור ד**אימא** והתלבש בכלי דבינה, **ובה היו כלולים כל השבעה אורות** התחתונים, [56] בכח ולא בפועל, ונשאר אור דאימא בכלי הבינה, **ואז היתה היא נּקראת אם הבנים,** ר"ל שהאורות דשבעת התחתונות היו [57] בבחינת עיבור תוך אימא, ומבשרי [58] אחזה אלו"ה שאין אישה יכולה לסבול שבעה ילדים בכרס אחד, עם כל זאת לפי' **דרוש הדעת** [59] הו"ק הם פרצוף אחד הנקרא ז"א, והמלכות היא פרצוף הנוקבא, אם כן בעיבור דאימא היו תאומים שהם זו"ן [60].

---

[55]

איפה שלימה, שער הנקודים פ"ד ד"ח ע"א)א(– ובו כלולים כל התשעה אחרונות וכו'. כאן מדבר באורות של הנקודים ולא בכלים. יפה שעה באות ב'.

[56]

הגהות וביאורים)ה(– בספר כתב יד ז' אחרות.

[57]

שם משמעון ש"ח פ"ח די"ח ע"א – וכן בהיות בנים בסוד העיבור וכו', והיא יכולה לסובלם. נ"ב אף על פי שמבשרי אחזה אלו"ה, שאין האשה יכולה לסבול בדרך הטבע שבעה בנים הכרס אחת, כמו אבא שסובל במוח שלו את כל בניו שהוא עתיד להוליד. מכל מקום לא קשיא מדי, דהכא כל הו"ק הם בן אחד לבד שהוא ז"א, והשביעית היא המלכות, נוקבא. ואם כן הרי בכל יום שיש יולדת תאומים, וקל למבין.

[58]

איוב י"ט כ"ו – ואחר עורי נקפו זאת ומבשרי אחזה אלו"ה.

[59]

נהר שלום ד"מ ע"ד – דע כי אף על פי שהוזכר תמיד היותם עשר ספירות, אינם רק חמש ספירות, וכל ספירה הוא פרצוף אחד, וכולל עשר מדות, והם א"א, ואו"א, וזו"ן. וזה פרטם כי ספירת הכתר כוללת עשר מדות, ונקראת א"א. וספירת החכמה כוללות עשר מדות, ונקראת אבא. וספירת בינה כוללת עשר מדות, ונקרא אימא. **וספירת הדעת דחסדים,** כוללת עשר מדות, **ונקראת זעיר,** אך כשנאצל לא היו בו רק **שש מדות,** חג"ת נה"י שבדעת, והם הם החג"ת נה"י הנקרא אצלינו מכלל העשר ספירות, אבל אינם רק מדות, ולא ספירות כמו הג' ספירות הראשונים. **וספירת הדעת דגבורה** כוללת עשר מדות, ונקרא **נוקבא דזעיר,** אך כשנאצלה לא היה בה רק **מדה אחת לבד,** העשירית והיא מלכות שבדעת הנזכר. והיא היא המלכות הנקראת אצלינו מכלל העשר ספירות, אבל אינה רק מדה אחת ולא ספירה. ואלו החמשה פרצופים נרמזו בשם ההוי"ה, בקוצו של יו"ד, ובארבע אותיותיו, ולפי שהכתר אינו מכלל העשר ספירות, והושם ספירת הדעת במקומו, לכן נרמז בקוץ היו"ד, ולא באות ממש. ונמצא כי עיקר הפרצופים הם ארבעה, או"א וזו"ן, והם ארבע אותיות ההוי"ה, והם נכללות בשלוש ספירות בלבד. ודעת כלול מב' עיטרין, וזה סוד פסוק, הוי"ה **בחכמה** יסד ארץ, כונן שמים **בתבונה, בדעתו** תהומות נבקעו. ונמצא כי כל העולמות אינם רק שלשה בחינות חב"ד, והסיבה היא כי שרש הכל הוא החסד והדין והרחמים, ולפי שהרחמים מכריע בינתים, צריך שימצאו בו ב' בחינותיהם, והם חסד וגבורה.

[60]

כבר נודע כי יש סוגיות שהרב ז"ל מבאר כי כלי[61] הדעת הוא הכלי הראשון שבו התלבשו האורות התחתונים, ויש סוגיות כמו כאן[62] בפרקין שהרב ז"ל מבאר כי הכלי הראשון הוא כלי החסד שבו התלבשו האורות, הרש"ש[63] מבאר כי

תרשים ד – ב.
61

ע"ח ש"ח פ"ד מ"ת דל"ח ע"ג – אמנם בצאת משם השבעה מלכים תחתונות, שהם השבעה מלכים שמלכו בארץ אדום, ורצו ליכנס בכלים שלהם, ולא יכלו הכלים לסבול, ונשברו ומתו כמו שנבאר בע"ה. ולכן נבאר תחלה סדר שבעה מלכים אלו, **כי הנה הם מהדעת ולמטה**, דעת א'. חסד ב'. גבורה ג'. תפארת ד'. נצח הוד הם תרי פלגי גופא, והם ה'. יסוד ו'. מלכות ז'. כי הנצח הוד נחשבים כל אחד חצי הגוף, ובין שניהם הם אחד לבד.

ע"ח ש"ט פ"ו מ"ב דמ"ה ע"ג – והנה בראשונה יצאה נקודה ראשונה דב"ן, והוא הכתר דב"ן, והיא כלולה מעשר ספירות, ויצאו כל העשר ספירות שבה כלולים בכלי הכתר שבה, שהיא הכתר דכתר, ונשאר שם אור הכתר, וחזרו וירדו התשע אורות בכלי חכמה דכתר, ונשאר שם אור החכמה, וחזרו וירדו שמונה אורות בכלי הבינה דכתר, ונשאר שם אור הבינה, ואחר כך **יצא אור הדעת בכלי הדעת**, ונשבר, והאור שלו עלה למעלה, והכלי נפל למטה. ואחר כך יצא אור החסד, ובו כלולין ז' אורות)נ"א ששה(, ונשבר, והאור עלה למעלה, והכלי נפל למטה. ואח"כ יצא אור הגבורה בכלי הגבורה, ובה כלולים חמש אורות, ואירע בה כנ"ל, וכיוצא בזה עד התחתונה, שהיא מלכות כתר דב"ן, גם היא נשברה, ואירע בה כנ"ל.

62

ע"ח ש"ט פ"ב מ"ת דמ"א ע"א – ונבאר עתה שם מ"ב הנ"ל, והוא שם אבגית"ץ הוא **בספירת חסד כנודע, לפי שממנו מתחיל)ביטול(מיתת המלכים** כנ"ל, לכן בשם זה נרמז מיתת שבעה מלכים. וזהו פירוש אבגית"ץ, כמו אבג"י ת"ץ כי אבג"י גימטריא י"ר, והם סוד ז' מלכים כי **י'** הוא במלכות שהיא נקודה אחת לבד, והוא י' של אבג"י, ואותיות אב"ג הם ו' בגימטריא, והם ו"ק דז"א, והרי הם ז' מלכים.

ע"ח שי"א פ"ד דנ"א ע"ד – והנה הבינה לא יכלה לקבל אור החכמה אלא פנים באחור, וכאשר הבינה הוציאה ז' מלכים תתאין, לא הוציאתן אחד לאחד, רק כולם ביחד, ששה משמשתן על אבן אחד שהם ו"ק, עם המלכות השביעית הנקרא אבן, ולא היה בדרך ג"ר, כי כל כל אחד יצא בפני עצמו, ולא יכלו לסבול בשביל זה לקבל האור, **ואז נתבטל החסד תחלה**, ואחר כך הגבורה, וכן כולם עד המלכות.

שער מאמרי רשב"י דמ"ד ע"ג – הענין הוא, כי אחר שנאצלו אלו השבעה ספירות הנזכרים, אז נבררו ונצרפו שבעה המלכים הראשונים, ומקור שרש הדין שהיה בהם יצא מהם, והוברר סוד הפסולת ונשאר למטה. ושאר הטוב אשר בהם עלה ונכלל ונתחבר בשבעה הספירות הנזכרים, כל אחת כפי מקומו הראוי לו, כי הנה אלו השבעה מלכים הם בחינת שבעה ספירות חג"ת נהי"ם כמבואר אצלנו, **ומה שהיה מהמלך הראשון נכלל בחסד**, ומהמלך השני נכלל בגבורה, וכיוצא בזה עד תשלום השבעה.

נהר שלום דכ"ו ע"ב – והנה **ביום ראשון שולט החסד**, ולכן שם הראשון דשם מ"ב שהוא אבגית"ץ הוא הגובר, ובו כלולים כל השבעה, ולכן ביום ראשון יכוין להמשיך השבעה שמות הנז"ל, מחג"ת נה"י דחסד דיצירה, להעלות שש מדרגות דחב"ד וחג"ת דחסד דעשיה, להלביש פנימיות וחיצוניות דמלכות דחסד דיצירה, הכל כסדר הנ"ל. וכסדר הזה **ביום שני בגבורה** דכל העולמות, **וביום השלישי בתפארת**. וכן כולם, עד שביום שבת במלכות. יכוין להמשיך ששה שמות דמ"ב דו"ק די"ו דיצירה, דהיינו ביום ראשון מו"ק דחסד, יום שני מו"ק דגבורה, יום שלישי מו"ק דתפארת, יום רביעי מו"ק דנצח, יום חמישי מו"ק דהוד, יום השישי מו"ק דיסוד, יום ש"ק מו"ק דנקודת המלכות עצמה, לחיצוניות חב"ד ופנימיות חג"ת דעשיה, להעלותם להלביש פנימיות וחיצוניות מלכות דספירה השולטת ביום ההוא.

63

נהר שלום דכ"ו ע"ב – והנה **ביום ראשון שולט החסד**, ולכן שם הראשון דשם מ"ב שהוא אבגית"ץ הוא הגובר, ובו כלולים כל השבעה, ולכן ביום ראשון יכוין להמשיך השבעה שמות הנז"ל, מחג"ת נה"י דחסד דיצירה, להעלות שש מדרגות דחב"ד וחג"ת דחסד דעשיה, להלביש פנימיות וחיצוניות דמלכות דחסד דיצירה, הכל כסדר הנ"ל. וכסדר הזה **ביום שני בגבורה** דכל העולמות, **וביום השלישי בתפארת**. וכן כולם, עד שביום שבת במלכות. יכוין להמשיך ששה שמות דמ"ב דו"ק די"ו דיצירה, דהיינו ביום ראשון מו"ק דחסד, יום שני מו"ק דגבורה, יום שלישי מו"ק דתפארת, יום רביעי מו"ק דנצח, יום חמישי מו"ק דהוד, יום השישי מו"ק דיסוד, יום ש"ק מו"ק דנקודת המלכות עצמה, לחיצוניות חב"ד ופנימיות חג"ת דעשיה, להעלותם להלביש פנימיות וחיצוניות מלכות דספירה השולטת ביום ההוא.

בחינת החסד היא הראשונה, וכן הוא בסידורו[64] הטהור.[65] **ואזור**[66] **כך הוציאה היא** אימא **השביעה** האורות **כולם** בפועל **כלולים** ב**כלי ה**זסד, **ואזור כך מתגלים** ששה אורות ב**כלי הגבורה, וכן על דרך זה עד לסוף,** כאשר אחר כך מתגלים חמשה אורות בכלי התפארת, ארבע אורות בכלי הנצח, שלשה אורות בכלי ההוד, שתי אורות בכלי היסוד, **עד שנמצאת שיוצאת** אור **המלכות באחרונה מכולם,** ונכנס אור המלכות לכלי המלכות לבד בלי שום אור אחר.

עוד[67] **יש הפרש שני** בין יציאת האורות דעקודים בהתפשטות הראשונה, לבין יציאת האורות דנקודים, **והוא**[68] **כי** שם[69] **בעקודים תזלה יצאו האורות** עשרה מפה דא"ק, והתפשטו[70] מהפה דא"ק עד הטבור דיליה[71] כללו, ביחד ב' אורות, אור הזך ואת האור העב והגס, **ואזור**[72] **כך** שנסתלק האור הזך לפה דא"ק

64

תרשים ד – ג.
65

איפה שלימה, שער הנקודים פ"ד ד"ח ע"א)ב(– בהגהות מהרנ"ש אות ע"ז ד"ה פנ"א כתב בפירוש וכו'. היא תשעה ספירות, וצריך לגרוס בנ"א כתוב בפירוש וכו', ר"ל שבנוסחה אחרת כתיב בהדיא וכו', וכן הגיה בהגהות אוצרות חיים דפוס קרעץ יעו"ש.
66

בית לחם יהודה ש"ח פ"ח דכ"ה ע"ג – ואחר כך הוציאה היא השבעה כלים כלולים בחסד. צריך לגרוס כולם כלולים, וכן הוא באוצרות חיים, ובשער הקדמות דף י"ט ע"ד, כי הכא מדבר באורות ולא בכלים, ועיין עוד ביפה שעה אות ב'.
67

כרם שלמה ש"ח פ"ד אות ב' – מה שכתב **עוד יש הפרש שני,** אף על פי שהרבה שינוים יש בין עולם העקודים לעולם הנקודים, עכשיו מדבר על הפרש היציאה של הכלים והאורות דווקא שלהם, מה השינוי ביניהם. כי בהפרש ראשון פירש השינוי של הספירות שלהם מי יצא תחילה, כי בעקודים יצאו המלכות תחילה, ואחר כך הכתר שלהם, ובנקודים הכתר יצא תחילה ואחר כך המלכות, ולמעלה לא חילק בין הכלים להאורות שלהם, מי יצא תחילה, לכן כאן בא לבאר בעקודים מי יצא תחילה, ובנקודים מי יצא תחילה. ולכן כתב כי בעקודים האורות יצאו תחילה, ואחר כך נעשו הכלים. ורצונו לומר כי שם בעקודים שתחילה יצאו האורות, והיה מעורב בהם חלק האור העב, ואחר כך נעשה ממנו הכלים, ואחר כך על ידי חזרת האור הזך והסתלקותו למעלה, נשאר האור העב לבדו, ונתגשם ונתעבה יותר בהיותו לבדו, ונגמר לעשות כלים. וזהו פרושו של מה שכתב **שתחילה יצאו האורות ואחר כך נעשו הכלים,** ר"ל על ידי הסתלקות האור הזך למעלה כנזכר לעיל.
68

מבוא שערים ש"ב ח"א פ"ו ד"ד ע"ב – כי בעקודים יצאו תחילה האורות, ואחר כך בחזרתם להתעלם אל שרשם, נעשו בחינת הכלים.
69

כך הגירסה באוצרות חיים.
70

ע"ח ש"ו פ"א מ"ת דכ"ד ע"ג – והנה **מן הפה** הזה יצאו עשרה ספירות פנימים, ועשרה מקיפים, ונמשכין מנגד הפנים עד נגד ה**טבור של זה הא"**ק, וזה עיקר האור, אבל גם כן מאיר דרך צדדים לכל סביבות זה האדם, על דרך הנזכר לעיל באורות אזן חוטם.
71

ע"ח ש"ו פ"ג מ"ת דכ"ה ע"ד – והענין הוא כי בודאי שבחינת הכלים היה בכח, אף כי לא היה בפועל בתוך האור, כי היה בבחינת האור היותר עב וגס, רק שהיה בו מחובר בעצם היטב, ולכן לא נגלה בחינתו כי

כדי להשתלם, נשאר[73] האור העב והגס מחוץ לפה דא"ק עד טבורו, וקנה עביות על עביותו, ומזה **נעשׂו הכלים** דעקודים **כנזכר לעיל.**

בסוגיא זאת הרב ז"ל מבאר כי הכלים דנקודים יצאו לפני האורות שלהם, **צריך לדעת** כי יש סוגיות שהרב ז"ל מבאר כי[74] האורות והכלים דנקודים יצאו ביחד, [75]**אבל**[76] בעשׂית הכלים ד**נקודים** היה באופן אחר, כי אורות האח"פ

(נ"א אבל) כאשר יצא האור דרך הפה ולחוץ, יצא הכל מעורב יחד, וכשהחזרו לעלות ולהשתלם כנ"ל, אז ודאי על ידי יציאת האור חוץ לפה, הנה אותו האור בחינת הכלים שהוא יותר עב, קנה עתה עביות יותר, ועל ידי כך לא יוכל לחזור גם הוא למקורו כבראשונה, ונתפשט האור הזך ממנו, ועלה למקורו כנזכר לעיל, ואז נתוסף באור עב כנזכר לעיל עביות יותר על עוביו, ואז נגמר ונשאר בחינת כלי.
72

בית לחם יהודה ש"ח פ"ד דכ"ה ע"ג – ואחר כך נעשו הכלים כנזכר לעיל. הוא בפרק א' דשער ז'.
73

ע"ח ש"ז פ"א מ"ק ד"ל ע"ב – ונתחיל לבאר מציאות העקודים מה ענינו. דע כי האור העליון אשר הוא חלק הראוי להתלבש באצילות. אשר יש בו כח העשר ספירות, אף על פי שעדיין לא ניכר היותם עשרה אורות רק אחר גמר העקודים, וכמו שנבאר בע"ה. אמנם ודאי שהכח של עשרה אורות אלו היה בהם תחלה, רק לפי שלא היה האור נגבל תוך הכלי, לא היה ניכר עדיין מציאות היותן עשרה. והנה כאשר רצה המאציל העליון להוציא בחינת הכלי ההוא הנקרא עקודים, מה עשה, המשיך האור שלו למטה עד מציאות סיום שיעור הראוי להיות נעשה ממנו בחינת עקודים, שהוא עד הטבור, ואחר שהמשיכו, חזר ונסתלק האור ההוא למעלה במקורו בפה, ונודע הוא כי האור העליון כשהוא מתפשט, וחוזר ונעלם, מניח רושם חותם למטה בהכרח. והנה אותו האור שהוא הרשימו הנשאר למטה, כאשר נסתלק אור עליון ונעלם במקורו, אז נשאר אור רשימו ההוא למטה בלתי אור עליון ההוא (הנסתלק), ואז על ידי התרחקו ממנו אור עליון, אז נעשה אותו (נ"א באותו) אור הנשאר, **ונתהווה בחינת כלי**, כי סיבת התפשטות האור והסתלקותו אחר כך, גרם להעשׂות מציאות כלי.
74

ע"ח שי"א פ"ה מ"ת דנ"ב ע"א – ועתה נבאר תחלתן, איך היו בעת יציאתן הראשונים בהיותן בלי תיקון. דע כי כאשר יצאו אלו העשרה נקודות, **יצאו בבחינת אורות וכלים**, ואמנם יצאו בלתי תיקון, ולסבה זו לא יכלו הכלים לסבול האורות שלהם, שהם עצמות שבתוכם, ונשברו ומתו, כמו שיתבאר לקמן בע"ה.
רחובות הנהר ד"ב ע"ב – וכן היה בכל ספירה מעשר ספירות דכל פרצוף דפרטי אבי"ע, **שבצאת הכלים והאור שלה** מעיני א"ק.
75

שמן ששון ש"ח פ"ד די"ח ע"ב אות ב' – אבל בנקודים יצאו תחילה עשרה כלים זה למטה מזה, ונעשה על ידי הסתכלות העינים בג' אורות של אח"פ כנזכר לעיל. כך כתב לעיל פרק ב', ודע שהכלים לא היתה יציאתם כדרך יציאת האורות דנקודים שהיו כללות תחילה בכתר, ואחר כך כולם בחכמה כו', עד המלכות, אלא כולם תחילת יציאתם היה זה זה תחת זה, מכתר עד המלכות, ודלא כמו שכתב הרב יפה שעה שבכלים דג"ר דוקא היו הכלים שתחתיו כלולים בו בתחילת יציאתם, זולת השבעה תחתונות שלא היו כלולים כל אחד האורות שתחתיו, דאינו כן. אלא אפילו ג"ר כתר וחכמה ובינה לא נכללו אורות שתחתיו בכל אחד מהם. ומה שכתב רבינו לעיל בפרק ב' כי מאלו הב' נקודות ראשונות שהם כתר חכמה של הנקודות, מהם נעשו כלים אל השאר, והם אשר הולידו והוציאו כלים לספירות אשר תחתיהן, כמו שכתב בספר דברי שלום דף ל"ד ע"ג שהכתר הוא ע"ב דס"ג, והם אורות אח"פ, והחכמה הוא אור העין, ובהסתכלות אור העין באורות אח"פ נעשו הכלים, כמו שכתב לקמן יע"ש. ועיין שער ההקדמות שם וז"ל – אבל כאן בעולם הנקודים יצאו תחילה בחינת העשרה כלים שלהם זה תחת זה, כל אחד בפני עצמו, וכבר כתב למעלה אופן עשייתם, איך נעשו על ידי הסתכלות העין באח"ף כו', יע"ש. גם דע כי מציאת הכלים האלו לא היה בהם סדר יציאתם על ידי זווג, אלא כל עשר כלים תקודם נעשו על ידי ראית אור העינים עצמו באח"ף, כמו שכתב לעיל פרק ב', ובסוף מ"ק. לא היה זווג אלא לאורות דוקא, וזה דלא כמו שכתב הרב יפה שעה שם דף י"ט סוף ע"ב, וכנזכר לעיל. אחר כך יצאו אורות הנקודים בסוד אור חוזר דרך העינים ונכנסו בכלים.

הסתכלו באורות העינים **ויצאו תזולה עשׂר**[77] **כלים** אשר לא היו מעורבים עם האורות שלהם כמו בעקודים, ויצאו **זה למטה מזה** כל אחד בפני עצמו, בסוד[78] רשות הרבים, וזה[79] **נעשׂה על ידי הסתכלות העינים בג'**[80] אורות של אז"ף כנזכר עייל[81], לכן אזור שיצאו

76

כרם שלמה ש"ח פ"ד אות ב' – אבל בעשיית הכלים של הנקודים היה באופן אחר, כי תחילה יצאו הכלים, ונעשו על ידי הסתכלות האח"פ בהם, ולא היו מעורבים עם האורות כמו הכלים של העקודים, אלה יצאו הכלים לבדם, ונעשו מן הסתכלות העין בארות האח"פ כסדר האמור לעיל. דהיינו אותם האורות שיצאו מן העינים ונעשו מהם עולם הנקודים, קודם שירדו למטה, שאבו מן האח"פ קצת הארה, ונעשו מהם הכלים, וירדו למטה, וישבו במקומם הראוי להם. ואחר כך ירדו אותם האורות של העינים, ונכנסו בהכלים שלהם.וזה מה שכתב - **לכן אחר שיצאו העשרה כלים, והונחו במקומן זה תחת זה, וכל אחד לבדו**, ר"ל ולא היו כלולים כולם בכלי העליון שעל גביו כמו האורות, אלה כל אחד לבדו.

77

בית לחם יהודה ש"ח פ"ד דכ"ה ע"ג – עשר כלים זה למטה מזה. כל אחד בפני עצמו, ולא היו כלולים השבעה תחתונות בכלים דג"ר, ודלא כהרב יפה שעה ז"ל,)שמן ששון(.

78

ע"ח ש"ט פ"ג מ"ת דמ"ב ע"ד – והנה לטעם זה עצמו היה גם כן שינוי אחר בין ג"ר שהם כח"ב, אל השבעה מלכים התחתונים, כי הג"ר יצאו בקצת תיקון בראשונה, והוא כי כאשר יצאו בראשונה נתפשטו כסדר ג' קוין, מה שאין כן שבעה תחתונות, **שיצאו זו למטה זו**, וזה שכתוב באדרא רבא - עד אימת ניתב בקיימא דחד סמכא, ר"ל נתקן התיקון שהוא דרך קוין, וכבר ביארנו כי התיקון האצילות הוא בהיות ו"ק עשוי בבחינת ג' קוים קשורים זה בזה, בסוד השלישי המכריע ביניהן, ואז נקרא רשות היחיד, אבל בהיותן זה על גבי זה, והם נפרדין אחת מחברתה, אז נקרא **רשות הרבים**.

79

ע"ח ש"ח פ"ב מ"ת דל"ו ע"ב – ועוד יש אור שלישי, והוא בהכרח כי כאשר יורד ומתפשט אור העין למטה דרך העקודים,)נ"א ועוד אור שלישי הוא לקח, כי בהכרח כשירד אור העין הוא עובר דרך אזן חטם פה(**הנה הוא מסתכל באורות אח"פ ההם, והוא שואב משם, ולוקח מהם אור לצורך עשׂיית הכלים של הנקודות**, ולוקח מג' בחינות שהם אורות אח"פ.

80

בית לחם יהודה ש"ח פ"ד דכ"ה ע"ג – בג' אורות של אח"ף כנזכר לעיל. הוא באמצע פרק ב' דלעיל.

81

יפה שעה)ב(– ואחר שיצאו הכלים והונחו במקומם זה תחת זה, כל אחד לבדו כו'. צריך לומר, שהכלים לא היתה יציאתם כדרך יציאת האורות דנקודים, כי האורות היו כולם כלולים, כי יצא הכתר ובו כלולים כל התשעה אורות, וכן השאר, אפילו השבעה תחתונות, כשיצא החסד, היו כל אורות שתחתיו כלולים בו, ודין גרמא שבירתם, אבל הכלים אף על גב שרז"ל כתב לעיל בפרק א', שהשני נקודות ראשונות שהם כתר וחכמה, הולידו כלים אל השאר, יעוין שם. ונמצא שעל ידי זווגם דכתר וחכמה נולדו כלים לשבעה תחתונים, ואם כן אפשר שגם הכלים דשבעה התחתונות היו כלולים בכלי הכתר ובכלי החכמה. מכל מקום על כרחין, כלים דשבעה תחתונות לא היו כלולים זה בזה, שאם תאמר שמתחילה יצאו כל הכלים כלולים בחסד, איך היה יכול כלי החסד לסבול כל הכלים דשבעה תחתונות בתוכו ולא נשבר, כמו שהיה מעשה, כשבאו כל האורות כלולות בו שנשבר מפני כובד המשא, וכן על זה הדרך אל שבעה תחתונות, אלא ודאי כדאמדן.)והרב שמן ששון חולק על זה ואמר. דאף בג' ראשונות כתר חכמה בינה לא נכללו אורות שתחתיו בכל אחד מהם, עין שם. גם כתב, דע כי ביציאת הכלים האלו, לא היה בהם סדר יציאתם על ידי זיווג, אלא כל עשר כלים דנקודים נעשו על ידי ראית עינים עצמו באח"ף, כמו שכתוב לעיל פרק ב', ולא היה זיווג אלא לאורות דווקא. וזה דלא כמו שכתב הרב יפה שעה דף י"ט סוף ע"ב וכנזכר לעיל, ואחר כך יצאו אורות הנקודים בסוד אור חוזר דרך עינים, ונכנסו בכלים, עד כאן לשונו(.

הָעֲשָׂרָה כֵּלִים, וְהוּנְזְזו בִּמְקוֹמָן זֶה תַּחַת זֶה, כָּל אֶחָד לְבַדּוֹ בלי קשר אחד לשני.

וְאַחֲרֵי[82] שנעשו הכלים דנקודים, [83][84]אָז יָצָא הָאוֹר המתלבש בתוך הכלים דנקודים אַזוֹר כָּךְ (נ"א אַזוֹ"פ) עַל דֶּרֶךְ זֶה, שֶׁיָּצָא[85] דרך העינים אור[86] הַכֶּתֶר תְּחִלָּה וְנִכְנָס בִּכְלִי שֶׁלּוֹ, וּבוֹ כְּלוּלִים כָּל הַתִּשְׁעָה אוֹרוֹת התחתונים, וְנִשְׁאַר אור הכתר לבד בכלי הכתר, וּשְׁאָר[87] האורות התלבשו בכלי החכמה. וְכֵן אור הַחָכְמָה שֶׁיָּצְאָה מכלי הכתר עם שאר האורות התחתונים, אַזוֹר כָּךְ והתלבשה

___

82

ע"ח ח"ב שֶׁל"ד פ"ד כלל ט' דמ"ו ע"ב – וְהִנֵּה בְּצֵאת הַמְּלָכִים יָצְאוּ מִבְּחִינַת ב"ן מֵעֵינֵי א"ק, וְהָיוּ בּוֹ עֲשָׂרָה אוֹרוֹת שֶׁל עֶשֶׂר סְפִירוֹת דב"ן, שֶׁהֵם כְּלָלוּת כָּל עוֹלָם אֲצִילוּת, וּתְחִלָּה נַעֲשָׂה בְּחִינַת כֵּלִים, וְאַחַר כָּךְ יָצְאוּ הָאוֹרוֹת לִכְנוֹס בַּכֵּלִים.

83

יָפֶה שָׁעָה)ג(– וְאַחַר שֶׁיָּצְאוּ הַכֵּלִים וְהוּנְחוּ בִּמְקוֹמָם זֶה תַּחַת זֶה כָּל אֶחָד לְבַדּוֹ, אָז יָצְאוּ הָאוֹרוֹת אַחַר כָּךְ כו'. לְפִי זֶה שֶׁבַּתְּחִלָּה הָיוּ כֵלִים לְבַדָּם בְּלֹא אוֹרוֹת, וְעַד שֶׁהוּנְחוּ הַכֵּלִים כָּל אֶחָד לְבַדּוֹ בִּמְקוֹמוֹ, לֹא יָצְאוּ הָאוֹרוֹת. אִם כֵּן הָא דְכָתַב רז"ל בְּפֶרֶק א', הוּבָא לְעֵיל, שֶׁמִּזְּוּוּג כֶּתֶר וְחָכְמָה דְנְקוּדִים יָצְאוּ, וְהֵם הַמְצִיאוּ וְהוֹלִידוּ כֵלִים לְשִׁבְעָה תַחְתּוֹנוֹת, אֵיךְ נִזְדַּוְּגוּ כֶּתֶר וְחָכְמָה דְנְקוּדִים בְּלֹא הֱיוֹת אוֹרוֹתֵיהֶם בְּתוֹכָם. וְכִי כֵלִים בְּלֹא אוֹרוֹת יְכוֹלִים לְהִזְדַּוְּג. וְיֵשׁ לוֹמַר, שֶׁכְּבָר כָּתַב רז"ל לְעֵיל, שֶׁג' מִינֵי אוֹרוֹת הָיוּ שָׁם בְּעוֹלָם הַנְּקוּדִים, וְהֵם הָיוּצֵא מֵעֵינַיִם דא"ק, וְזֶה הָעִיקָּר וְהָרִאשׁוֹן. שֵׁנִי לוֹ, אוֹר הַמֵּאִיר מְגוּ גוּפָא דא"ק דֶּרֶךְ הַשְּׂעָרוֹת לַחוּץ, בְּסוֹד וְאַחֲרֵי עוֹרִי נִקְּפוּ זֹאת. שְׁלִישִׁי, אוֹר שֶׁשּׁוֹאֵף הַהִסְתַּכְּלוּת בָּאוֹרוֹת אח"פ, וּמִזֶּה הָאוֹר הַשְּׁלִישִׁי שֶׁשּׁוֹאֵף מֵאוֹרוֹת אֹזֶן חֹטֶם פֶּה נַעֲשׂוּ הַכֵּלִים. כְּמוֹ שֶׁכָּתַב רז"ל. וְלֹא כֵלִים לְבַד לָקַח מֵאוֹרוֹת אח"פ, אֶלָּא מִקְצָת אוֹרוֹת לָקַח מֵהֶם, כְּמוֹ שֶׁכָּתַב רז"ל לְעֵיל פֶּרֶק ב', שֶׁהָאוֹרוֹת לָקַח מִצַּד יָמִין. וְהַכֵּלִים מִצַּד שְׂמֹאל, יְעַיֵּן שָׁם. וְנִמְצָא כְּשֶׁנִּתְפַּשְּׁטוּ הַכֵּלִים בַּתְּחִלָּה נִתְפַּשְּׁטוּ עִם אוֹרוֹת אח"פ שֶׁבָּהֶם, אֶלָּא שֶׁאַחַר כָּךְ בָּאוּ עִיקָּר אוֹרוֹת דְּנְקוּדִים, שֶׁהֵם הַיּוֹצְאִים דֶּרֶךְ הָעֵינַיִם, וְהָיוּ בָּאִים יַחַד כְּלוּלִים.

84

בֵּית לֶחֶם יְהוּדָה ש"ח פ"ד דכ"ה ע"ג – אָז יָצָא הָאוֹר אַחַר כָּךְ עַל דֶּרֶךְ זֶה שֶׁיָּצָא הַכֶּתֶר תְּחִלָּה. כְּמוֹ כֵן כָּתַב בְּפֶרֶק ב' דְשַׁעַר ל"ד כְּלָל ט', יְעוֹ"שׁ. וְלִכְאוֹרָה יֵשׁ לוֹמַר וְהָא בְּפֶרֶק א' דִּלְעֵיל מְבוֹאָר שֶׁבְּחִינַת אוֹרוֹת הס"ג הַיּוֹצְאִים מִדֶּרֶךְ הָעֵינַיִם הֵם עַצְמָם הָיוּ מִסְתַּכְּלִים בְּאח"פ, וּמֵהִסְתַּכְּלוּתָם בְּאח"פ נַעֲשׂוּ הַכֵּלִים, כְּמוֹ שֶׁמְּבוֹאָר בְּפֶרֶק ב' דִּלְעֵיל, וְאִם כֵּן הֵיכִי קָאמַר הָכָא - אָז יָצָא הָאוֹר אַחַר כָּךְ וְכו', וְאֶפְשָׁר שֶׁבְּחִינַת הָאוֹרוֹת נִתְעַכְּבוּ זְמַן מַה בְּסוֹף גְּבוּל הָעֲקוּדִים, עַד אֲשֶׁר נִקְרְשׁוּ וְנִגְלְמוּ הַכֵּלִים דְנְקוּדִים, וְנִסְדְּרוּ בִּמְקוֹמָם, וְאַחַר כָּךְ יָצְאוּ הָאוֹרוֹת מִגְּבוּל הָעֲקוּדִים וְנִכְנְסוּ בַכֵּלִים.

85

כֶּרֶם שְׁלֹמֹה ש"ח פ"ד אוֹת ב' – אָז יָצָא הָאוֹר אַחַר כָּךְ עַל דֶּרֶךְ זֶה, דְּהַיְינוּ שֶׁיָּצְאוּ כּוּלָם כְּלוּלִים בְּאוֹר הַכֶּתֶר, וְנִכְנְסוּ כָּל הָאוֹרוֹת בִּכְלִי הַכֶּתֶר. וְזֶה שֶׁכָּתַב - שֶׁיָּצָא הַכֶּתֶר תְּחִלָּה, וְנִכְנָס בִּכְלִי שֶׁלּוֹ, וּבוֹ כְּלוּלִים כָּל הַתִּשְׁעָה אוֹרוֹת, וְכֵן הַחָכְמָה יָצְאָה אַחַר כָּךְ, וּבוֹ כְּלוּלִים כָּל הַשְּׁמוֹנָה אוֹרוֹת, וְכֵן עַל דֶּרֶךְ זֶה עַד שֶׁיָּצְאָה הַמַּלְכוּת לְבַדָּהּ בָּאַחֲרוֹנָה. וְזוֹ הַיְצִיאָה שֶׁל הַנְּקוּדִים הָיְתָה עַל דֶּרֶךְ הִתְפַּשְּׁטוּת שְׁנִיָּה שֶׁל הָעֲקוּדִים כַּנִּזְכָּר לְעֵיל בְּרֵישׁ פֶּרֶק ב' דְשַׁעַר מַטֵּי וְלֹא מַטֵּי. שֶׁגַּם שָׁם יָצְאוּ הָאוֹרוֹת לְבַדָּם אַחַר כָּךְ, וְכוּלָם כְּלוּלִים בְּאוֹר הַכֶּתֶר עַל דֶּרֶךְ הַנִּזְכָּר כָּאן. וּכְדֵי שֶׁלֹּא תָבִין שֶׁהַחָכְמָה מַה שֶׁהָיוּ כְּלוּלִים בָּהּ כָּל הַשְּׁמוֹנָה אוֹרוֹת הֵם לְבַד מֵהַתִּשְׁעָה אוֹרוֹת שֶׁהָיוּ כְּלוּלִים בַּכֶּתֶר, וְכֵן עַל דֶּרֶךְ זֶה הַשְּׁאָר, לָכֵן חָזַר וּפֵירֵשׁ כִּי אַחַר כָּךְ מַה שֶׁהָיוּ כְּלוּלִים כָּל הַתִּשְׁעָה אוֹרוֹת בַּכֶּתֶר לֹא נִשְׁאֲרוּ בּוֹ וְיָצְאוּ שְׁמוֹנָה אוֹרוֹת אֲחֵרִים לְצוֹרֶךְ הַחָכְמָה, וְכֵן עַל דֶּרֶךְ זֶה הַשְּׁאָר. אֶלָּא שֶׁאַחַר כָּךְ נִשְׁאַר אוֹר הַכֶּתֶר לְבַדּוֹ בְּתוֹךְ הַכְּלִי שֶׁלּוֹ, וְהָלְכוּ שְׁאָר הָאוֹרוֹת בִּכְלִי הַחָכְמָה. וְאַחַר כָּךְ נִשְׁאַר בָּהּ הָאוֹר שֶׁלָּהּ לְבַדָּהּ, וְהָלְכוּ שְׁאָר בִּכְלִי הַבִּינָה. וְכֵן עַל דֶּרֶךְ זֶה עַד שֶׁנִּשְׁאָר אוֹר הַמַּלְכוּת לְבַדָּהּ בָּהּ.

86

תרשים ד – ד.

87

תרשים ד – ה.

בכלי החכמה, **ובו כלולים כל השמונה** אורות התחתונים. ונשאר אור החכמה לבד בכלי החכמה, ואחר

כך יצאה אור הבינה מתוך כלי החכמה, עם שאר שבעה האורות התחתונים, והתלבשו בכלי הבינה. ונשאר אור הבינה

לבדו בכלי הבינה, ושאר האורות התלבשו בכלי החסד, [88]**וכן** [89]**על דרך זה עד שיצאה** אור

המלכות מכלי היסוד **לבדה באזרונה** והתלבשה בכלי המלכות. הרב ז"ל חזר וכופל את דברי קודשו

באופן כללי, על מה שמבואר לעיל, **נמצא שיצא** אור **הכתר תוזלה ונכנס בכלי שלו, והיו**

כלולים בו בכל התשעה אורות התחתונים, **ואזזר כך נשאר אור** הכתר בכלי

שלו לבד, **ויצא אור הזוכבמה** מכלי הכתר **עם שמונה** האורות **האזזרים כלולים בו,**

ונכנס [דל"ח ע"ג 76] **בכלי הזוזכבמה,** ונשאר אור החכמה כלי החכמה לבדו, ויצא [90] אור הבינה מכלי

החכמה עם שבעה האורות התחתונים, והתלבש בכלי הבינה עם השבעה אורות התחתונים, ויצאו שבעה האורות

התחתונים מכלי הבינה, ונשאר אור הבינה לבדו בכלי הבינה. ויצאו שבעה האורות התחתונים מכלי הבינה, והתלבשו [91]

בכלי החסד, [92]**ועל** [93]**דרך זה עד שסיימו כולם לכנוס בכלים שלהם, וידוע הוא שלא**

88

איפה שלימה, שער הנקודים פ"ד ד"ח ע"א)ג(– בהגהת מהרנ"ש אות ע"ט כתב שנראה שיש שבירה
בג"ר עד כאן לשונו. ואינו כן, כי הג"ר שקבלו אורות אח"פ לא היה בהם שום שבירה. ומה שכתב בפרק ו'
משער ט' שהיה מקרה המלכים בזו"ן דכתר, ובזו"ן דחו"ב, זה היה בבחינת ג' נקודות הכוללות, שזו"ן דכל
נקודה ונקודה, לא קבלו עצמות אורות אח"פ, כי אם האירה מחוטם פה לבד, וחסר מהם בחינת אור האזן.
וכח"ב דכל נקודה נתקיימו, לפי שקבלו מאח"פ.
89

בספר אוצרות חיים הגירסא – וכן עד שיצאת המלכות לבדה באחרונה.
90

תרשים ד – ו.
91

תרשים ד – ז.
92

תרשים ד – ח.
93

ע"ח ש"ח פ"ה מ"ת דט"ל ע"א – ונחזור לבאר סדר יציאת שבעה מלכים אלו מתוך הבינה, ואיך נשברו.
הנה ראשונה יצאו כולם מתוך הבינה, והיו כלולים **באור הדעת ונכנסו עמו בכלי שלו.** והנה נודע כי ו'
)נ"א ז'(מלכים אלו, הם בחינת ו"ק דז"א, וכל אחד אינו גדול מחבירו, כי כל אחד הוא קצה אחד גדול כחבירו,
ולכן לא היה כח בשום כלי מהתחתונים לסבול בתוכו יותר מחלק אור המגיע לחלקו בלבד. וכאשר יצא כולם
כלולים בדעת, **לא היה יכול הכלי לסבול את כולם, ונשבר, וירד למטה,** כמו שנבאר בע"ה. אחר כך יצאו ו'
אורות האחרים **בכלי חסד,** וגם הוא לא היה יכול לסובלם, ונשבר, וירד למטה, כמו שנבאר בע"ה. וכבר
נתבאר לעיל כי ב' פלגי דגופא הם. ואחר כך ירדו החמשה
נתבאר לעיל כי שבעה אורות, הם אלא שנצח הוד נחשבין לאחד, כי ב' פלגי דגופא הם. ואחר כך ירדו החמשה
אורות **בכלי של גבורה,** וירד גם כן עמהם הרשימו של חסד, פירוש כי נודע שכל החמשה ספירות מחסד עד
הוד, כל אחד מהם נותן חד רשימו שלו בספירת יסוד, כי לסבה זאת נקרא יסוד כל, לפי שהוא כולל כולם, ועל
כן כל אחד מוריד רשימו חד ליסוד. ולא יכול לסבול ומת ונשבר. ואחר כך ירדו הארבעה אורות ובי רשימין
של חסד וגבורה **בכלי התפארת,** ונשבר גם הוא, וירד. וכן על דרך זה עד שירדו שני)נ"א ב'(אורות וחמשה
רשימין **בכלי היסוד,** ולא היה יכול לסובלם, ונשבר גם הוא, ירד. וכשבא אור המלכות, לא בא אלא הוא
לבדו, ועם כל זה לא היה יכול לסבול, ונשבר גם הוא וירד. וטעם הדבר כמו שהודעתיך למעלה כי העקודים
כאשר חזרו האורות שנית להיכנס בכלים כלים שלהם, לא נכנסו ממש בכליהם, רק בכתר נכנס אור החכמה וכו',

התלבשו השבעה אורות התחתונים בכלים שלהם, אלא כל אור שנכנס בכלי שלו עם האורות האחרים, הכלי נשבר וירד לבי"ע[94], כלי פנימי דשבעה תחתונות לבריאה, כלי אמצעי ליצירה, וכלי חיצון לעשיה, והאור נשאר באצילות עד זמן התיקון ◆

ובכלי היסוד נכנס אור המלכות, ונשאר כלי המלכות ריקם, אשר לסבה זאת נקרא המלכות אספקלריא דלא נהרא דלית לה מגרמה כלום, ונקרא עניה ודלה,)וכל זה(כי האור שנכנס אחר כך **בכלי של המלכות**, אינה אור שלה, רק אור חדש מזווג או"א, כמבואר אצלינו וזה ענין מה שכתוב לעיל - אספקלריא דלא נהרא דלית לה מגרמה כלום, רק האור שלה הוא ממקום אחר, **וזכור ענין זה.** והנה כיון שכל אלו הכלים של הנקודים נעשים בהסתכלות העין בעקודים כנזכר לעיל, לכן כיון ששם)נ"א שכאן(היה חסר בחינת אור המלכות מן הכלי שלה, גם זה הכלי של המלכות דנקודים היה חסר, ולא יכלה לקבל אור שלה, ונשברה.

ע"ח ש"ט פ"ג מ"ת דמ"ב ע"ד – ונבאר סדר יציאת שבעה מלכים, ונתחיל מן הראשון שהוא הדעת, אשר זה יצא ראשונה, וכאשר לא היה יכול הכלי לסבול כנזכר לעיל נשבר הכלי, וירד למטה בעולם הבריאה, ר"ל במקום שהיה עתיד להיות עולם הבריאה אחר כך, כי הרי עדיין לא נברא עולם הבריאה, ונפל הכלי הזה במקום הדעת דבריאה, להיותו מתייחס אליו כמוהו, ואמנם אור של הדעת ירד גם הוא אלא שנשאר באצילות עצמו במקום כלי המלכות של האצילות, ואמנם לא ירד שם לסיבת פגם אשר בו, כי הרי נתבאר לעיל כי השבירה היתה בכלים, לא באורות, ואלו היה ירידתו שם משום פגם, היה ראוי שנייחס ביטול אל האורות על דרך שייחסנו ביטול אל הכלים דאחוריים דאו"א, שנפלו דוגמתן באצילות עצמו, ואמנם ירידתן היתה כדי להאיר מרחוק בכלי שלו העומד בבריאה, שלא ימות לגמרי, וישאר בלתי תקוה, לכן מאיר בו מרחוק בהיותו עומד הוא באצילות, והוא בבחינת תגין על האותיות כנזכר לעיל. ואחר כך יצא החסד ונשבר הכלי, וירד בבינה דבריאה, והאור ירד במקום כלי היסוד דאצילות, כי כבר אור הדעת הקדים לקחת מקום של המלכות. ואחר כך יצאה גבורה, ונשברה, וירד הכלי בחכמה דבריאה, והאור ירד בכלי דנצח הוד דאצילות, שהם ב' פלגי דגופא. ואחר כך יצאה התפארת, ונשבר והכלי, ירד בכתר דבריאה, והאור נשאר במקומו, שהוא בתפארת דאצילות.....
94

ע"ח ש"ט פ"ז מ"ב דמ"ו ע"ב – והנה כאשר יצאו כל האצילות מבחינת ב"ן לבד, והיה כולל עתיק, ובזו"ן דעתיק, ובזו"ן דא"א, וא"א, וא"א, וזו"ן. ואז יצאו תחלה כל הכלים שלהם זה תחת זה עד סיום עולם האצילות, ואחר כך יצאו אורות דב"ן כל פרטי אצילות, ויצא תחלה כתר דעתיק דאצילות, שבו נכללין כל האורות, ונתקיים, ואחר כך יצאה חכמה דעתיק בכלי שלו, ובו היו כלולים כל שאר האורות ונתקיים, ואחר כך יצאה בינה דעתיק, ובו כלולין כל שאר האורות ונתקיים, ואחר כך יצאו שבעה תחתונות דעתיק,)נ"א דדעת(הדעת למטה כל אחד כלול בכלי שלו, ובו כלולים כל שאר האורות, והיה נשבר, **וירד פנימיות הכלי לבריאה, וחיצוניות הכלי ירד ביצירה, וחיצוניות של חיצוניות בעשייה,** ואחר כך האור ההוא נשאר בלי כלי, ושאר האורות ירדו בכלי השני של השבעה תחתונות, וגם הוא נשבר על דרך הנזכר לעיל,)נ"א נשאר ע"ד הנ"ל(והאור שלו נשאר בלי לבוש, ושאר האורות ירדו לכלי שלמטה ממנו, וכן על דרך זה עד שנגמרו שבעה תחתונות שלו, ואחר כך נכנס הכתר דאריך אנפין בכלי שלו...............

נהר שלום דכ"ד ע"ד – והנה ידוע כי מיתת המלכים היתה בזו"ן דפרטות, ר"ל בזו"ן דעתיק, ובזו"ן דא"א, ובזו"ן דאבא, ובזו"ן דאימא, ובזו"ן דז"א, ובזו"ן דנוקבא, וכל פרצוף מאלו הפרצופים כלול מכל הפרצופים הנזכרים. וזה היה בפרט האחרון דפרטי פרטות, וכמבואר לעיל בהקדמה, וזה היה בפנימיות וחיצוניות דפנימיות, ובחיצוניות ופנימיות דחיצוניות, דפנים ודאחור. **והכלים עם הרפ"ח ניצוצות דמלכים דעתיק נפלו לעתיק דבי"ע, ודא"א לא"א דבי"ע, ודאו"א לאו"א דבי"ע, ודזו"ן לזו"ן דבי"ע. באופן זה כי הכלים הפנימיים דמלכים הנזכרים נפלו לפרצופי הבריאה. והכלים האמצעיים ליצירה. וכלים החיצוניים שלהם לעשיה.** ונתבאר בשער השמות ובכמה מקומות, כי כדי לברור הכלים ושארית הרפ"ח דכל פרט, יורדים כל הפרצופים העליונים דאצילות בימי החול בסוד גלות השכינה, ומתלבשים בפרצופים שכנגדם למטה בבי"ע. עתיק דאצילות בעתיק דבי"ע, וא"א בא"א, ואו"א באו"א, וזו"ן בזו"ן. כלים פנימיים שלהם בבריאה, ואמצעיים ביצירה, וחיצוניים בעשיה. ובי"ע הנזכר מתלבשים בבי"ע דחול, וזה לצורך בירורי שארית כלים ואורות דמלכים דזו"ן דעתיק, וא"א, ואו"א, וזו"ן דאצילות שנפלו לבי"ע על סדר הנזכר. **כי הכלים הפנימים**

הרב ז"ל מחלק[95] בין הכלים דג"ר לשבעה תחתונות, ומבאר מדוע הג"ר לא נשברו, ורק השבעה תחתונות הם שנשברו, וכבר נתבאר לעיל[96] כי הג"ר לקחו הארה מהאוזן דא"ק ולכן לא נשברו, ובגלל שהשבעה תחתונות הארה רק[97] מהחוטם

של מלכי עתיק, וא"א, ואו"א, וזו"ן דאצילות נפלו לבריאה. וכלים האמצעיים של המלכים הנזכרים ליצירה. וכלים החיצוניים שלהם לעשיה, כנודע. ועל כן בימי החול יורדים הכלים דפרצופים העליונים דאצילות על דרך הנז"ל, לברר בחינותיהם שנשארו בבי"ע.
רחובות הנהר ד"ב ע"ב – ובהגיע האור לגבול האצילות, אירע בהם ענין ביטול המלכים, ונפלו הכלים פנימי אמצעי וחיצון עם אורות דרפ"ח, **לבי"ע התחתונים** דאותה הספירה.

95

כרם שלמה ש"ח פ"ד אות ג' – עכשיו בא לחלק בין הכלים דג"ר לבין הכלים דשבעה תחתונות, ונותן טעם למה הג"ר לא נשברו, והשבעה תחתונות נשברו. והלא הואיל וכולם טעם אחד להם, כי סיבת שבירת השבעה תחתונות להיות שבא בתוכם אורות יותר משלהם, והג"ר בא להם אורות יותר מחלקם. ולכן אמר כי אף על פי שבא בתוך הכתר כל העשרה אורות, היה יכול לסובלם, מפני שאור הכתר הוא גדול, והכלי שלו הוא כפי ערכו גם כן גדול, והואיל והאור הוא גדול כל כך, לכן שאר תשעה אורות של התשעה ספירות התחתונות הם בטלים בערך האור הגדול של הכתר, ולא נראית כוחם, כי שירגא בטיהרא מאי אהניא. והואיל והם בטלים לגבו, לכן כאילו אין שם בכלי הכתר כי אם האור שלו לבד, ובלאו הכי כל כלי יכול לסבול האור שלו, ולכן יכול כלי הכתר לסבול כל העשרה אורות כולם בתוכו, ולא נשבר. והוא גם כן לטעם הנזכר לעיל שלקח כוחו מאור האזן, ולכן הכלי שלו חזק, ויכול לסבול כל האורות. וכן אחר כך כאשר נשאר אור הכתר בתוכו, ונתן התשעה אורות לחכמה, אז החכמה יכלה לסבול האור שלה, ושאר השמונה של התחתונים ממנה, מפני ששאר האורות בטלים בגבה, ששאר השבעה אורות היו בטילים לגבה, וגם כן לסיבה שקבלה קצת מהארת האזן. וכן על דרך זה הבינה, ששאר השבעה אורות היו בטילים לגבה, ולכן יכלה לסובלם, ולא נשברה. והטעם הוא מפני שאלו הג"ר הם בחינת ראשים ואבות, ושאר האורות התחתונים מהם הם בחינת בנים לגבם. והבנים תמיד כלולים במוח אביהם ואמם, ואינם מרגישים שם, כי כל כך כחם חזק עד שאין הבנים נרגשים בהם.

96

ע"ח ש"ח פ"ב מ"ת דל"ו ע"ב – והנה עשרה נקודות הם, והשלשה ראשונים שבהם הם לוקחים אור ממה שנמשך מהסתכלות העין באח"פ ממקומם, עד מקום התחברות בשבולת הזקן כנודע, ואינם מקבלים אותם רק בשבולת הזקן, כי משם מתחילין הן, ולא ממה שבשבולת הזקן ולמעלה,)נ"א בשבולת הזקן ולמעלה ואינם מקבלין רק בשבולת הזקן כי משם מתחילים הן ולא ממה שכנגד העין עד שבולת הזקן(. אבל שבעה נקודות התחתונים אין לוקחין רק ממה שנמשך מהסתכלות באורות החוטם והפה משבולת הזקן ולמטה, כנודע כי החוטם מגיע עד החזה, והפה עד הטבור, ולא משבולת הזקן ולמעלה. ונמצא כי לפי זה ג' נקודות לוקחין הארה הארה לצורך הכלים של הם מן ג' האורות שהם אח"פ בשבולת דוקא, אבל שבעה תחתונות אינם לוקחין רק מב' אורות לבד, שהם חוטם ופה משבולת ולמטה עד הטבור, כי אור אזן העליונה כבר נגמרה ונסתמה בשבולת הזקן, ולכן גדולה היא הארה ג' נקודות עליונים מן השבעה תחתונות. ולסבה זו **שלשה מלכים הראשונים לא מתו**, לפי שיש להם הארה גדולה, והכלי שלהם מעולה מאד, לפי שנעשה מבחינת אזן העליונה, ומהחוטם ופה, כי בהסתכלות העין באורות האזן חוטם פה נעשו הכלים שלהם כנזכר לעיל, כי לקחו כליהם ממקום שעדיין אורות האזן, שהם בחינת נשמה, נמשכים שם שהוא עד שבולת הזקן כנזכר לעיל. **אמנם השבעה מלכים תתאין מתו**, לפי שכליהם נעשו מהסתכלות עין בחוטם פה לבד, והיה חסר מהם אור האזן העליונה.

97

חסדי דוד דמ"ט ע"ד, אות י"א – וכלי הנקודות שהם החיצוניות נת"א דס"ג, וחיצוניות טנת"א דב"ן, נעשו על ידי שעברו אורות הנזכר דרך יציאתם מן העינים, ושאבו מן אורות אח"פ, שעל ידי הסתכלות העין באזן ימין, ואור חוטם ופה כלולים בו, מקו הראיה, נעשה אור מקיף דכתר דנקודים, ומהארת הקו נעשה אור פנימי שלו. ומהסתכלות העין באזן שמאל, מקו הראיה, נעשה חיצוניות הכלי הנזכר, ומהארת הקו פנימיות הכלי. וכלי חכמה דנקודות נעשה מהסתכלות העין באורות החוטם עד הפה, מצד ימין אור מקיף, ומשמאל חיצוניות הכלי. ומהפה ולמטה מצד ימין אור פנימי, ומצד שמאל]פנימיות הכלי[. וכלי הבינה דנקודות נעשה מהסתכלות העין באורות הפה עד הזקן, מצד ימין אור מקיף, ומצד שמאל חיצוניות הכלי, ומהזקן ולמטה מצד ימין אור פנימי, ומצד שמאל פנימיות הכלי. וכל אלו הכלים דג"ר דנקודות, נעשו מהסתכלות העין באורות אח"פ

והפה משבולת הזקן ולמטה, לכן נשברו הכלים שלהם, בסוגיה זאת הרב ז"ל מבאר עוד[98] סיבה למקרה המלכים.

[99]**אבל דע כי כאשר אור הכתר נכנס תזולה בכלי שלו, היו שאר האורות בטלים בו בערכו, שהוא גדול מכולם** גם יזדר, **ולכן** בגלל שאור הכתר

שבשיבולת הזקן. וכלי **השבעה תחתונות דנקודים נעשה** מהסתכלות העין באורות החוטם והפה, שמהזקן ולמטה עד החזה, מצד ימין אור מקיף, ומשמאל חיצוניות הכלי, ומהחזה עד הטיבור מצד ימין אור פנימי, ומשמאל פנימיות הכלי.

98

ט"ז סיבות למקרה המלכים

א. השבע מלכים יצאו מבחינת מלכויות, נפש, עגולים. ע"ח ש"ח פ"א, ע"ח ש"ט פ"ה, מבוא שערים ש"ב ח"א פ"ג.

ב. הג"ר יצאו בצורת סגולתא, וכל אחת כלולה מעשר, ומתפשטים בסוד קוין שכולם קשורים זה בזה, והז"ת יצאו בבחינת חד סמכא, ונפרדים זה מזה בסוד רשות הרבים, ולא בסוד מיתקלא. ע"ח ש"ט פ"ג, ע"ח ש"ט פ"ה, ע"ח שי"א פ"ה.

ג. כלי הו"ק לא יכלו לסבול יותר אורות מחלקם, והם קיבלו כל אחד חלקו וחלק חברו התחתון ממנו, ולא כן כשהיו בג"ר היו מתבטלים בערכם. ע"ח ש"ח פ"ה, מבוא שערים ש"ב ח"א פ"ו.

ד. האור של העשר ספירות פרצוף שלם, והכלים קטנים, נפרדים, וחסרים. ע"ח ש"ט פ"ה, ע"ח שי"י פ"ה, מבוא שערים ש"ב ח"ב פ"ב.

ה. הג"ר יצאו בגוף אחד, והיה בהם כח לקבל האור, השבע תחתונים יצאו נפרדות וחסרות, ולא יכלו לקבל האור שלהם. מבוא שערים ש"ב ח"ב פ"ג.

ו. הג"ר אין הדין ניכר בהם, והם רחמים, השבע תחתונים דינים נתגלו בהם, ולא יכלו לסבול אור הרחמים. מבוא שערים ש"ב ח"ב פ"ג.

ז. הנקודים יצאו מבחינת חיצוניות סמ"ב דס"ג וחיצוניות עסמ"ב דב"ן, שהם הענפים, והשורשים נשארו בפנימיות א"ק, ולא היה בכח הענפים לקבל את האור. ע"ח ש"ה פ"א, מבוא שערים ש"ב ח"ב פ"ג.

ח. הג"ר קבלו במקום שבולת הזקן אור האוזן, וגם אורות חוטם פה, והז"ת קבלו אורות החוטם פה משבולת הזקן ועד מקום הטבור. ע"ח ש"ח פ"ב, ע"ח שי"א פ"ה, מבוא שערים ש"ב ח"ב פ"ג.

ט. מלכי הנה"י דינין תקיפין, רצו להתגבר על מלכי החג"ת שהם רחמים. שער ההקדמות הקדמה אחת בטרם שנאצל עולם האצילות דל"ג ע"ג.

י. הג"ר דו"ק נשארו בפנימיות המאציל. מבוא שערים ש"ב ח"א פ"ה.

י"א. הג"ר לא נתקנו כפרצוף, לכן האור שיצא מהם לז"ת לא יכלו לקבלו. ע"ח שמ"ז פ"ה, שער ההקדמות דרושי אבי"ע דרוש ג' דע"ג ע"ג.

י"ב. לא היתה אהבה בין ספירה לספירה, וכל ספירה היתה יראה מהספירה שמעליה ומהספירה שמתחתיה. ע"ח שי"א פ"ה, שער ההקדמות הקדמה אחת בטרם שנאצל עולם האצילות דל"ב ע"ג.

י"ג. הסיגים מעורבים בכלים, והם גורמים פירוד. מבוא שערים ש"ב ח"ב פ"ג.

י"ד. לא נכנס האור על ידי התלבשותו בנה"י דיסו"ת בסוד כ"ל צמ"א, אלא באופן ישיר, ורק בתיקון התלבשו האורות בנה"י דיסו"ת. שער ההקדמות דרוש ה' בזמן העיבור השני דמוחין דל"ח ע"ב.

ט"ו. לא נתכללו אחד עם השני, וכל אחד מהמלכים היה בחינה בפני עצמה. ע"ח ש"ט פ"ג, מבוא שערים ש"ב ח"ב פ"ג.

ט"ז. תכלית כוונת המאציל היתה להוציא ולעשות בחינת קליפות לצורך הנבראים, כדי לתת שכר לצדיקים, ועונש לרשעים. ע"ח שי"א פ"ה.

99

הגהות וביאורים)א(– בע"ח כתב יד של החסיד המחבר יסוד ושורש העבודה, כתיב בזה הלשון הגה"ה - זה היה אחר שנזדווג כתר מינה וביה, כי גם הוא כלול מזו"ן, ובכח הזיווג ההוא הוציא ספירות לחוץ בכלי החכמה. עיין]מבוא שערים[ש"א ח"ג - כי אי אפשר להוציא אורות אלא בכח זיווג, ושמור כלל זה, עד כאן לשונו.

הוא אור גדול, הכלי שלו היה גדול בערך אור הכתר, **והיה יכולת בכלי שלו** ר"ל בכלי של אור הכתר **לסובלו** את אור הכתר **ולסבול** את **תשעה** ה**אורות האזורים, ולא נשבר** כלי הכתר.

100**וכן**101 **כאשר יצאה אור הזכמה** מכח102 זיווג הכתר מניה וביה כמו שמבואר לקמן, **ונכנס** אור החכמה **בכלי שלו** שהוא כלי החכמה, **היו השמונה אורות** התחתונים **כלולים בו**, ולא נשבר כלי החכמה. **וכן בצאת אור הבינה** מכלי החכמה בכח זיווג זו"ן דחכמה, **כלולה משבעה אורות** התחתונים, וכולם **נכנסים בכלי שלה**, היו הכלים של החכמה והבינה יכולים **לסבול ולא נשברו**, כי האורות דשבעה תחתונים **כולם הם בטלים בערך או"א**, דמיון הבנים שבתוזלה עומדים כלולים במוזז אביהם, בסוד טיפת מוזז, **וכן בהיות בנים בסוד עיבור במעי אמן**, יכולין להיות שם, **והיא**103 **יכולה לסובלם** כי כל השבעה תחתונים הם בעצם ב' פרצופין, שהם ז"א ונוקבא, דוגמת תאומים בכרס האשה.

104(**צריך**105 **לגרוס את כל הכתוב בסוגרים**. כדי106 להבין את דברי קודשו של הרב ז"ל **צריך לדעת כי ג' מיני אורות**

100

איפה שלימה, שער הנקודים פ"ד ד"ח ע"א)ד(– וכן בצאת אור החכמה וכו'. ז"ל הרב במבוא שערים ש"ב ח"א פ"ו דף ד' ע"ג - ויצאו התשעה אורות תחתונים, ונכנסו בכלי החכמה, וזה היה אחר שנזדווג הכתר מניה וביה, כי גם הוא כלול מזכר ונקבה, ובכח הזיווג ההוא הוציאם לחוץ בכלי החכמה, על דרך הנזכר לעיל, כי אי אפשר להוציא אורות אלא בכח זווג, ושמור כלל זה וכו'. ואחר כך נזדווג הכתר מגיה וביה, והמשיך מוחין להם, ואז חזרו והיו חו"ב פנים בפנים, והשבעה תחתונות ניתנו בה וכו', יעוין שם בביאורו.

101

בספר אוצרות חיים הגירסא – וכן בצאת אור החכמה ונכנס בכלי שלו, והיו שמונה האורות כלולים בו.

102

הגהות הרמ"ז והרנ"ש, אות ע"ח – וזה היה אחר שנזדווג הכתר מיניה וביה, שגם הוא כלול מדוכרא ונוקבא, ובכח הזיווג הוציאם לחוץ בכלי החכמה, כנודע שאי אפשר להוציא אורות אלא בכח זווג, ושמור כלל זה.

103

בית לחם יהודה ש"ח פ"ד דכ"ה ע"ג – והיא יכולה לסובלם. כי כל השבעה מלכים אינם כי אם ב' בנים, ויכולה האשה להוליד תאומים)הרשב"א(.

104

הגהות וביאורים)ב(– כל המוקף כאן בע"ח כתב יד הנזכר לעיל, הוא ההגה"ה, ואינה מן הספר.

105

כרם שלמה ש"ח פ"ד אות ג' – ומה שכתב **ונתנה החכמה בסוד זיווג פנים בפנים** וכו', ונזדווג הכתר מינה וביה, והמשיך מוחין להם וכו', כל זה מדבר כשעדיין הם בסוד נקודות, וזה הזיווג הוא לצורך הנתינה ומסירת האורות זה לזה, כי לצורך הנתינה והמסירת האורות צריך גם כן זיווג, ולא ליצירת האורות והמוחין דוקא צריך זיווג. ולכן מה שיש **במוקף** מן מילת **ונתנה החכמה** עד מילת **אלו** צריך לגרוס אותה כולה.

106

בית לחם יהודה שי"א פ"ח דמ"א ע"ג – הנה בצאת האורות של או"א, ונכנסו בתוך הכלים שלהם, בהיותם עדיין בסוד נקודות כנזכר לעיל, הן אחור באחור, כי הן אמת שקודם שנכנסו האורות בכלים דאו"א היו או"א עומדים אחור באחור, מכל מקום בהכנס האורות בהם, חזרו פנים בפנים כמבואר בפרק ד' דנקודים, ובכולי פרק א' דשער השבירה, ובמבוא שערים דף ד' ע"ג, וז"ל - ונתנם החכמה לבינה בסוד זווג פנים בפנים, והיו כולם בכלי הבינה, כי תחלה היו אחור באחור, ואחר כך נזדווג הכתר מניה וביה, והמשיך מוחין להם, ואז חזרו והיו חו"ב פנים בפנים, והשבעה תחתונות ניתנו בה, והיו בה אחר כך בסוד מ"ן, יעו"ש. הרי מבואר להדיא

היו נמשכין לחו"ב מכתר לנקודים בג' זמנים מחולפים זה מזה, **האחד** הוא האור הנמשך מהכתר כאשר או"א עומדים אחור באחור, ואור זה עובר ביניהם, כי לא יכולים הם לסבול אותו דרך הפנים. **השני** הוא האור פנימי של העצמות דאו"א בלבד, הנמשך מזיווג הכתר מניה וביה, ונתלבשו נה"י דכתר באו"א, ועדיין היו האו"א בבחינת אחור באחור. **השלישי** הוא גמר התפשטות החו"ג בכל העשר ספירות דאו"א, ואז חזרו או"א פנים בפנים. וְנִתְנָה[107]

הַחָכְמָה בַּבִּינָה בְּסוֹד זִוּוּג **פָּנִים בְּפָנִים** את האורות דשבעה התחתונים, וְהָיוּ כֻלָּם בִּכְלִי הַבִּינָה, כִּי[109] תְּחִזּלָה הָיוּ או"א[110] אָזוֹר בְּאָזוֹר, וְנִזְדַוֵּוג[111] הַכֶּתֶר מִנֵּיהּ[112]

שכאשר קבלו או"א אורות שלהם, אז או"א היו פנים בפנים, והיכי קאמר הכא הי"ו אחור באחור. ונראה לעניות דעתי כי ג' **מיני אורות היו נמשכין לחו"ב מכתר לנקודים בג' זמנים מחולפים זה מזה.** ואלו הם, והוא כי אחר שיצאו הכלים לנקודים והונחו במקומם, אז בא אור הפנימי ונכנס בתוך הכלים, ובתחלה נכנס בכלי הכתר, והיו הכלים דחו"ב עדיין ריקנים, מבלי אור פנימי, ועמדו אחור באחור, לפי שהיה אור הכתר מאיר מלמעלה בהם, ועוברת הארתו בין החכמה לבינה, כי הכתר הוא עומד בקו האמצעי בין החו"ב, ולפי שאינם יכולים לסבול הארת הכתר, הפכו פניהם מכנגד האור, יעמדו אחור באחור, **וזהו אור אחד.** אחר כך בנזדווג הכתר מניה וביה, ונתלבשו נה"י שלו ברישא דחו"ב, והמשיך לחו"ב אור פנימי של העצמות דחו"ב בלבד, **וזהו אור שני** הנזכר הכא, באומרו הנה בצאת האורות וכו'. ועדיין היו החו"ב בבחינת אחור באחור, כי אינם חוזרים פנים בפנים כי אם על ידי המוחין שמכללם החו"ג המגדילים החו"ב האחוריים, ועל ידם חוזרים פנים בפנים, כנזכר בפרק ו' דנקודים. אחר כך חזר הכתר ונזדווג מניה וביה, והמשיך בחינת מוחין שהם חו"ב וחו"ג לחו"ב דנקודים, וגם המשיך אור השבעה מלכים ונתנם בחכמה דנקודים, ועל ידי החו"ג דמוחין נשלם חצי אחור דחכמה, וחצי אחור דבינה, וחזרו פנים בפנים. אמנם דע כי כל זמן שלא נגמרו החו"ב להתפשט בכל העשר ספירות דחו"ב עדיין היו החו"ב עומדים אחור באחור, ולא חזרו פנים בפנים כי אם לאחר גמר התפשטות החו"ג בכל העשר ספירות שלהם, שאז נגמרו האחוריים שלהם, וזה אור המוחין המחזירם פנים בפנים **הוא אור שלישי.** ואז חזרו החו"ב פנים בפנים, ונתן החכמה בבינה את אורות השבעה מלכים. וכל זה היה בעולם הנקודים קודם עולם התיקון.
107

בית לחם יהודה ש"ח פ"ד דכ"ה ע"ג – ונתנם החכמה בבינה וכו'. מכאן עד שיטה ה' שמסיים והוציאו שבעה מלכים אלו וכו', כל זה הוא הגהה, ואינו מע"ח, אלא הוא ממבוא שערים דף ד' ע"ג)שמן ששון אות ג'(.
108

בית לחם יהודה ש"ח פ"ד דכ"ה ע"ג – ונתנם החכמה בבינה. אף על גב דכלי הבינה עדיין היה ריקן בלתי אור, ואם כן איך היה מזדווג עם חכמה, מכל מקום נמשך בו מוחין מהכתר, כמו שמבאר רז"ל בסמוך. אמנם כפי מה שכתוב בדברינו בריש פרק ח' דשער המלכים, תו לא קשה מדי, יעוין שם.
109

בית לחם יהודה ש"ח פ"ד דכ"ה ע"ג – כי תחלה היו אחור באחור. כמבואר בפרק ו' דלקמן, ובפרק א' דשער ט', ובפרק ה' דשער ל"א.
110

כרם שלמה ש"ח פ"ד אות ג' – ומה שכתב כי תחילה היו אחור באחור, ר"ל אף על פי שאו"א תמיד הם בבחינת פנים בפנים, ולא כמו הזו"ן שזימנין הם אחור באחור, ולזימנין הם פנים בפנים. על כל פנים בתחילת אצילותם היו בתחילה אחור באחור, ואחר כך חזרו או"א בבחינת פנים בפנים כשהיו בבחינת נקודות.
111

כרם שלמה ש"ח פ"ד אות ג' – ומה שכתוב **מינה וביה**, מפני שלא שייך נוקבא נפרדת בכתר, כי אם היא כלולה בו, ושניהם בפרצוף אחד, ולא כמו או"א ב' פרצופים. ולכן הזיווג של הכתר זכר אותו בלשון זיווג מיניה וביה.
112

ע"ח שט"ז פ"ד מ"ק ד"פ ע"ד – והנה לא מצינו בא"א סוד המלכות, ואם כן איך נאצלו כל השאר שהם או"א וזו"ן. אך סוד הענין כי כבר ידענו כי מחסד דא"א נתהווה מוחין דאבא, ומגבורה דא"א נתהוה מוחין דאמא, והענין כי צד דכורא דא"א מה שבו בימין הוא בימין דכורא, וצד ב"ן שבו נוקבא הוא צד שמאל. והנה יש בו

וביה, והמשיך הכתר **מוזיין** [113] שהם חו"ב וחו"ג **להם** ר"ל לאו"א אפילו שהם בסוד נקודות ולא בסוד פרצוף, **ואז** [114] זזזרו או"א **פנים בפנים, וזו"ן** [115] שהם השבעה תחתונות **ניתנו בה** בכלי הבינה, **והיו** [116] **בה** השבעה מלכים **בסוד בו"ן** [117] כדי להמשיך מוחין לאו"א, **והיו מעמידין מוזיין דאו"א על עמדן** פנים בפנים, **ואזזר** [118] כך **נזדווגו** עוד פעם **יזזד או"א, והוציאו**

ב' זווגים, **אחד בסוד הפה שלו,** אחע"ה וגיכ"ק, **והשני בסוד יסוד שלו,** כי גם הוא כלול משנים, מזכר ונוקבא, וצד זכרות שבו מזדווג עם צד נקבות שבו. והנה כדי להוליד או"א הספיק להם זווג הנשיקין, והוא זווג הפה כנזכר לעיל. ואמנם איך יצאו או"א מזווג זה הוא כי כבר נתבאר לעיל, **כי לא הוצרך זווג זה רק לצורך מוחין** ונה"י שלהם לבד, לכן הספיק להם זווג הפה כי הלא תמיד או"א הם נכללין במזלא תיקון ח' וי"ג)די"ג(תקוני דיקנא, כי הלא תליין בשקולא עד טבורא. והנה יש הפרש אחד, והוא כי לפעמים אין או"א שלימים, רק חסרים מנה"י, אף על פי דאתכלילו במזלא, אך כאשר נעשה הזווג הזה של הפה דא"א, אז נעשו כל התקונים של הארבעה העומדין, בין תיקון ח' לתיקון י"ג, וכולם נתחברו יחד, ונכללין בהם או"א, כי כבר ידעת כי הגרון סוד גולגלת דילהון. והנה אם תביט באדם כשכופף ראשו, אז הגרון מכוסה ונכלל בסיום לחיי הראש, אך כשזוקף ראשו אז מתראה הגרון. **וכשהזווג עליון דפה דא"א נעשה בסוד בנשיקין, אז יורד למטה מסיום הפה בסוד כפיפת ראש ואז נכלל הגרון בהם ממש,** והוא סוד ראש דאו"א ויורד עד נה"י דאו"א שנכללו בראש ז"א. גם אלו הארבעה תקונים שבין ב' מזלות תיקון ח' וי"ג, הם מתחברים ונכללים ברישא דאו"א, שהוא הגרון, **ונעשים שם מוחין,** ובעבור אותו שפע המתרבה אז מכחם מתארך גוף או"א.
113

כרם שלמה ש"ח פ"ד אות ג' – ומה שכתב **והמשיך להם מוחין,** פירוש לאו"א, אף על פי שעדיין אינם בסוד פרצוף אלא בסוד נקודות, ובזה חזרו פנים בפנים.
114

בית לחם יהודה ש"ח פ"ד דכ"ה ע"ג – ואז חזרו פנים בפנים. מבואר מזה שזו"ן דנקודים נולדו מזווג פנים בפנים, ובפרק ז' דשער מ"ד כתב שנולדו מזווג אחור באחור, עיין משמן ששון בד"ה נעשה הזווג וכו'.
115

בית לחם יהודה ש"ח פ"ד דכ"ה ע"ג – וזו"ן ניתנו בה. היינו שניתנו בה על ידי זווג, כי האורות היו בכלי החכמה, ואיך ניתנו בה אם לא על ידי זווג. וזה הוא זווג ראשון הנעשה באו"א.
116

ע"ח ש"ט פ"א מ"ת ד"מ ע"א – ונחזור אל הכוונה ונאמר כי הלא או"א היו מתחלה פנים בפנים, לפי שנעשה להם מוחין מהכתר כנזכר לעיל, **אמנם מ"ן שלהם הגורם להם העמדה וקיום,** הבחינה דפנים בפנים היו מציאת שבעה מלכים אלו, אשר היו בו במעי בינה, ואלו היו **מ"ן דילה,** כי כן הוא תמיד שהבנים הם מ"ן דאמא, ובעוד שאלו השבעה מלכים היו בתוך הבינה, היו מעלין מ"ן, וגורמין זווג לאו"א, ונמשכו להם מוחין, והוחזרו או"א פנים בפנים, ונזדווגו יחד, כדי להוציא שבעה מלכים אלו.
117

כרם שלמה ש"ח פ"ד אות ג' – **ומה שכתב וזו"ן ניתנו בה,** ר"ל אחר כך חזרו ונזדווגו או"א, ואז נתן אבא לאימא את שבעה תחתונות, והיו בה בסוד מ"ן. ותועלת המ"ן הזה הוא כי כל זמן שזו"ן בתוך אימא עומדים, אז ממשיכין מוחין לאו"א, ונשארים עומדים פנים בפנים, ואינם חוזרים אחור באחור. פירוש, ואינם נופלים האחוריים שלהם, המעמידים אותם בבחינת פנים בפנים כנזכר בפרק א' דשער ט', ואחר כך נזדווגו או"א, והוציאו שבעה מלכים אלו, ר"ל הזיווג הזה היה כדי להוציא את זו"ן לחוץ מאימא.
118

בית לחם יהודה ש"ח פ"ד דכ"ה ע"ג – ואחר כך נזדווגו יחד או"א והוציאו ז' מלכים אלו. זהו זווג ב', וכמו שכתוב במבוא שערים דף ד' ע"ג ז"ל - אחר כך נשאר בכלי הנזכר האור שלו שהוא כתר, ויצאו תשעה אורות התחתונים ונכנסו בכלי החכמה, וזה היה אחר שנזדווג הכתר מניה וביה, כי גם הוא כלול מדכרא ונוקבא, ובכח הזווג הוציאן לחוץ בכלי החכמה, כי אי אפשר להוציא אורות אלא בכח זווג, ושמור כלל זה, עד כאן לשונו. מבואר מזה שגם כשיוצאים השבעה מלכים מבינה צריך זווג.

שָׁבְעָה מְלָכִים אֵלּוּ לְחוּץ[119] לְאִמָּא, וְאָז נִשְׁבְּרוּ שִׁבְעַת הַמְּלָכִים).**וְלָכֵן**[120] **הָיָה בִּבְחִינַת הַתִּיקּוּן בְּגַ"ר** הוֹאִיל וְהָיָה בָּהֶם כֹּחַ לִסְבּוֹל אֶת כָּל הָאוֹרוֹת בְּכֹחַ, **וְלֹא**[121] **נִשְׁבְּרוּ כְּלָל** רַק יָרְדוּ הָאֲחוֹרַיִם דְּאו"א, וְהָאֲחוֹרַיִם דְּנָה"י דְּכָתֵר לְתַחְתִּית הָאֲצִילוּת, וְלֹא לְבִי"ע, **וְכַאֲשֶׁר**[122] **הָיוּ הַשִּׁבְעָה תַּחְתּוֹנוֹת כְּלוּלִין בִּמְעֵי אִמָּם, הָיוּ**[123] **שָׁם בִּבְחִינַת מ"ן, הַמְּעוֹרְרִין זִוּוּג עֶלְיוֹן**[124], אָמְנָם בְּצֵאת

119

מבוא שערים ש"ב ח"א פ"ו ד"ד ע"ד – עד אשר הולידה הבינה את השבעה תחתונות, ויצאו לחוץ בכליהם, ואז נשברו.

120

כרם שלמה ש"ח פ"ד אות ג' – ומה שכתב ולכן היה בחינת התיקון בג"ר, ר"ל הואיל והיו בהם כח לסבול האורות, זהו קצת תיקון אצלם, ולכן לא נשברו. ועוד שהיו בבחינת קוין, ולכן לא נשברו.

121

כרם שלמה ש"ח פ"ד אות ג' – ומה שכתב ולא נשברו כלל. פירוש, הואיל ולא ירדו מעולם האצילות לעולם הבריאה האחורים דאו"א ודנה"י דכתר, לכן לא יפול עליהם שם **שבירה** כי אם **ירידה** דווקא.

122

מבוא שערים ש"ב ח"א פ"ו ד"ד ע"ב – ונבאר עתה סדר יציאת האורות. כי הנה תחילה יצאו העשרה כלים, ואחר כך התחילו לצאת האורות כנזכר לעיל. ותחילה יצא אור הכתר בכלי שלו, ויצאו עמו גם כל התשעה אורות תחתונים, ולהיותם אורם בטלים באורו, דוגמת שרגא בטיהרא, לכן היה יכול הכלי של הכתר לסובלם שם, ולא נשבר, וגם לסיבה הנזכרת לעיל כי קבל הארת האזן. אחר כך נשאר בכלי הנזכר האור שלו שהוא כלי כתר. ויצאו התשעה אורות תחתונים ונכנסו בכלי של חכמה, וזה היה אחר שנזדווג הכתר מיניה וביה, כי גם הוא כלול מזכר ונקבה, ובכח הזווג ההוא הוציאם לחוץ בכלי החכמה. על דרך הנזכר לעיל ש"א ח"ג פ"ה, כי אי אפשר להוציא אורות אלא בכח זווג, ושמור כלל זה. ובהיותם בכלי דחכמה כל השמונה אורות הם פחותים ממנו, ויכול כלי דחכמה לקבלם, כי השבעה מלכים תתאין הם כלולים בו, ואינם ניכרים בו, דמיון הבנים הנכללים ונרשמים במוח הזכר, כעין טיפה קטנה. ואחר כך נשאר שם אור החכמה, והוציא את הבינה, ובה כלולים שבעה בניה טפלים אליה, דמיון העובר שבמעי אמו, ונתנם החכמה בבינה, בסוד זווג פנים בפנים, והיו כולם בכלי הבינה. כי תחילה היו אחור באחור, ואחר כך נזדווג הכתר מיניה וביה, והמשיך מוחין להם, ואז חזרו והיו חו"ב פנים בפנים, והשבע תחתונות ניתנו בה, והיו בה אחר כך בסוד מ"ן, והיו מעמידין בחינת המוחין דאו"א על עמדם. ואחר כך נזדווגו יחד או"א ואז הולידה שבעה מלכים אלו כמו שיתבאר לקמן. וגם ב' כלים אלו דחו"ב לא נשברו. **ואחר צאת שבעה התחתונות מן כלי הבינה, אז היו יוצאים ונכנסים כל אחד בכלי שלו, ואחר כניסתו, לא היה הכלי יכול לסובלו, והיה נשבר.** כי תחילה יצא המלך הראשון מן השבעה, ונכנס בכלי שלו, ובו כלולין השישה שתחתיו, ולהיותם שוין כולן יחד זה בזה, אין הכלי יכול לסבול כולם, והיה נשבר, ואז אור הראשון מהשבעה, היה חוזר לעלות ולהתעלם אל שרשו, והכלי מתבטל. והיו השישה אורות יורדין אחר כך ונכנסין בכלי השני מן השבעה תחתונות, וגם הוא קרה לו כמקרה הראשון, עד שנמצא שאור המלכות לבדה ירדה בכלי שלה, וגם הוא נשבר, וכמו שיתבאר בח"ב.

123

בית לחם יהודה ש"ח פ"ד דכ"ה ע"ג – היו שם בבחינת מ"ן המעוררין זווג עליון. עיין שמן ששון אות ד' שכתב משם הרב אור זרוע, פירוש מ"ן אלו מה עניינם, הלא עדיין לא היתה שבירה, ולא בירורים לעלות מ"ן. ובמבוא שערים דף ד' סוף ע"ד נראה שנרגש מזה, וכתב דשבעה תחתונות היו בבחינת מ"ן, ר"ל מעמידים אותה הבחינה של האור (שהם החסדים וגבורות) (שהחזירן פנים בפנים, שהם המוחין דחו"ב, והיו ממשיכין להם עוד חסדים וגבורות חדשים כמתחלה, עד כאן לשונו, ואם כן אפשר שעושין פעולות המ"ן שטבעם להמשיך האור מלמעלה, כן עשו אלו השבעה מלכים עד כאן לשונו. ועיין בדברינו בפרק א' דטנתא"א בד"ה ואז אלו המ"ן וב"ן וכו'.

124

מִשָּׁם ר"ל מתוך מעי אימא **הַשִּׁבְעָה תַּזְּתוֹנִים**, שֶׁהֵם סוד[125] **הַשִּׁבְעָה מְלָכִים שֶׁמָּלְכוּ בְּאֶרֶץ אֱדוֹם** סוד הבינה, **וְרָצוּ לִיכָּנֵס בַּכֵּלִים שֶׁלָּהֶם, וְלֹא יָכְלוּ הַכֵּלִים לִסְבּוֹל** אֶת הָאוֹרוֹת, **וְנִשְׁבְּרוּ וּמֵתוּ**, כְּמוֹ שֶׁנִּתְבָּאֵר בעָ"ה. וְלָכֵן[126] **נְבָאֵר תְּחִלָּה סֵדֶר שִׁבְעַת מְלָכִים אֵלּוּ. כִּי הִנֵּה הֵם מֵהַדַּעַת וּלְמַטָּה**[127], כְּלִי **הַדַּעַת** הוּא הַכְּלִי **הָרִאשׁוֹן**, כְּלִי **הַחֶסֶד** הוּא הַכְּלִי **הַשֵּׁנִי**, כְּלִי **הַגְּבוּרָה** הוּא הַכְּלִי **הַשְּׁלִישִׁי**, כְּלִי **הַתִּפְאֶרֶת** הוּא הַכְּלִי **הָרְבִיעִי**, הַכֵּלִים[128] **נֵצַח וְהוֹד הֵם תְּרֵי פַלְגֵּי גּוּפָא, וְהֵם** הַכְּלִי **הַחֲמִישִׁי**, כְּלִי **הַיְסוֹד** הוּא

הגהות וביאורים)ג(– עיין אור זרוע, שהקשה דפירוש מ"ן אלו מה ענינם, הלא עדיין לא היתה שבירה, ולא בירורים לעלות מ"ן. ובמבוא שערים נראה שהרגיש מזה, וכתב דשבעה תחתונות היה בבחינת מ"ן, ר"ל מעמידים אותם בבחינת חו"ג, שהחזירים פנים בפנים, שהם העושים וממשיכין עוד חו"ג חדשים, עד כאן לשונו. ואם כן אפשר שעושים פעולות המ"ן שטבעם להמשיך האור מלמעלה, כן עשו אלו השבעה מלכים, עד כאן לשונו. ועיין פרק א' משער השבירה, שכתב רבינו כן, שהמ"ן הוא שהיה גורם להם העמדה וקיום הבחינה דפנים בפנים, יע"ש. שמן ששון.
125

בראשית ל"ו ל"א עד פסוק ל"ט – ואלה המלכים אשר מלכו בארץ אדום לפני מלך מלך לבני ישראל, **וימלך** באדום בלע בן בעור ושם עירו דנהבה, **וימת** בלע **וימלך** תחתיו יובב בן זרח מבצרה, **וימת** יובב **וימלך** תחתיו חשם מארץ התימני, **וימת** חשם **וימלך** תחתיו הדד בן בדד המכה את מדין בשדה מואב ושם עירו עוית, **וימת** הדד **וימלך** תחתיו שמלה ממשרקה, **וימת** שמלה **וימלך** תחתיו שאול מרחבות הנהר, **וימת** שאול **וימלך** תחתיו בעל חנן בן עכבור, **וימת** בעל חנן בן עכבור וימלך תחתיו הדר ושם עירו פעו ושם אשתו מהיטבאל בת מטרד בת מי זהב
126

שמן ששון ש"ח פ"ד דח"י ע"ב אות ה' – נבאר תחילה סדר שבעה מלכים אלו, כי הם מהדעת ולמטה כו'. הנה דע הקדמה אחת דיש ב' בחינות שבעה מלכים, אחד שבעה מלכים הנזכרים בפרשת וישלח כנזכר לקמן, וזהו השבעה תחתונות דז"א, אשר יש בו בחינת הדעת, לכן מתחיל מהדעת. ויש שבעה מלכים דנוקבא, הנזכר בדברי הימים, ונודע דהנוקבא אין בה דעת שלם, אלא קל, לכן לפעמים נזכר דעת, ולפעמים לא נזכר, והיינו כפי הבחינה המדברים או בז"א או בנוקבא, או בשניהם. ורב סתם הענין בע"ה, וסמך במה שכבר גילה סודו פעם אחד בשער מאמרי רשב"י במאמרי רות, יע"ש. שכתב, ולפעמים לא נזכר בנוקבא דז"א באדרא זוטא אלא ברורי ב' מוחי בלבד, כי ח"ג הוא הדעת, הוא ק"ל כו', יע"ש. ועיין בשער מאמרי רשב"י סוף האדרא זוטא, ועיין תורת חכם דף קמ"ד ע"א, ועיין מה שכתבנו בשער השבירה פרק ב' אות ב'.
127

הגהות וביאורים)ד(– הנה דע הקדמה אחת, דיש ב' בחינות שבעה מלכים, אחד שבעה מלכים הנזכרים בפרשת וישלח כנזכר לקמן, וזה השבעה מלכים דז"א אשר יש בו בחינת הדעת, לכן מתחיל מהדעת. ויש שבעה מלכים דנוקבא הנזכר בדברי הימים, ונודע דהנוקבא אין בה דעת שלם, אלא ק"ל, לכן לפעמים נזכר דעת ולפעמים לא נזכר, והיינו כפי הבחינה המדברת, או בז"א או בנוקבא, או בשניהם. ורבינו סתם הענין בע"ה, וסמך במה שכבר גילה סודו פרק א' בשער מאמרי רשב"י, במאמרי רות יע"ש, שכתב - ולפיכך לא נזכר בנוקבא דז"א באדרא זוטא, אלא ברורי דב' מוחין בלבד, כי השלישי הוא הדעת, הוא ק"ל, יע"ש. שמן ששון.
128

ע"ח ח"ב כללי מוהרח"ו דקי"ח ע"א כלל ב' – נצח והוד הם גופא חד.

44

הכלי **הששי**, וכלי **המלכות שביעית** בכלים. [129] **כי** הכלים של **הנצח** והוד נחשבים כל אזזד זזצי הגוף, ובין שניהם הם כלי **אזזד לבד**.

הגהה זאת היא מאחד מתלמידי הרב האר"י זלה"ה, לכן היא מתחילה עם ראשי תיבות **מ"כ** (מצאתי כתוב), ורבי מאיר פאפרוש ז"ל שסידר וערך את ספר **עץ חיים**, שם הגהה זאת כאן. הגהה זאת היא בדרך הרמז והדרש על מקרה המלכים.

מ"כ [130] בשם הרב זלה"ה, כי המלכים שהם המלכויות דב"ן בסוגית[131] תנת"א[132] הם אותיות, והם הכלים שנרמזו במלכים שמלכו בארץ אדום לבני ישראל **לפני מלוך מלך** לבני ישראל, **דהיינו קודם התיקון לבני ישראל** שהוא יציאת שם מ"ה מהמצח דא"ק, **ונקלאים מלכים, כי**[133] **כולם בני** (בנ"י רמז לעשרה ב"ן, עשר הנקודות שיצאו דרך העינים) **מלכים הם**, ויצאו מהמלכות דא"ק והוא[134] מלכויות ב"ן דא"ק, והם בחינת

---

[129] **איפה שלימה, שער הנקודים פ"ד ד"ח ע"ב** (ה) – כי הנצח הוד נחשבים כל אחד חצי גוף וכו'. עיין דב"ש בשער ט' פרק ג' דל"ד סוף ע"ג, שכתב שנצח הוד הנזכרים הם בחינת חיצוניות שלהם, ששניהם נחשבים לבחינה אחת, כמו שכתב בשער השמות פרק ג' ופרק ו', יעו"ש.

[130] **שמן ששון ש"ח פ"ד דח"י ע"ג אות ו'** – מ"כ משם הרב ז"ל כי המלכים הם אותיות הם כלים כו', עד סוף קוי הגבורה עד כאן, זה לא נמצא לא בשער ההקדמות, ולא במבוא שערים.

[131] **ע"ח ש"ה פ"א מ"ב ד"ך ע"ד** – ודע כי ארבעה בחינות כוללים כל ארבעה עולמות, והם ע"ב ס"ג מ"ה ב"ן, והם עצמם נקראו תנת"א, וכל אחד כולל ארבעתן. ע"ב יש בו ע"ב וטעמים. ס"ג ונקודות. מ"ה ותגין. ב"ן ואותיות. וכולם נקרא ע"ב טעמים. וכן בס"ג. וכן במ"ה. וכן בב"ן. גם דע כי ע"ב הוא כתר וטעמים. ס"ג הוא חכמה ונקודות. מ"ה הוא בינה ותגין. וב"ן **שבעה תחתונות ואותיות**.

[132] **תרשים ד – ט.**

[133] **גמרא שבת קכ"ח ע"א** – תנו רבנן, מטלטלין (בשבת) (את החצב)סוג של עשב(מפני שהוא מאכל לצביים, ואת החרדל מפני שהוא מאכל ליונים, רבן שמעון בן גמליאל אומר אף מטלטלין שברי זכוכית, מפני שהוא מאכל לנעמיות)יענים(, ולכל אחד מבני ישראל צריך שיהיו נעמיות, והמאכל שלהם לא מוקצה(, אמר ליה רבי נתן אלא מעתה חבילי זמורות יטלטלו, מפני שהוא מאכל לפילין)של פילים(, כי גם לכל אחד מבני ישראל צריך שיהיה לו פילים(. ורבן שמעון בן גמליאל, נעמיות שכיחי)מצויות הן אצל בני האדם(, פילין לא שכיחי)ופילים לא מצויים(. אמר אמימר)מה שמתיר רבן שמעון בן גמליאל לטלטל שברי זכוכית בשבת(והוא דאית ליה נעמיות)למי שיש לו יענה(. אמר רב אשי לאמימר,)לפי דברך((אלא דקאמר ליה)זה שאמר לו(רבי נתן לרבן שמעון בן גמליאל חבילי זמורות יטלטל, מפני שהוא מאכל לפילין, אי אית ליה פילין)אם יש לאדם פילים(, אמאי לא)מדוע מדוע לא יהיה לו מותר לטלטל חבילי זמירות(, אלא ראוי)כל אחד מישראל לגדל פילים(הכא נמי ראוי)כל אחד מישראל לגדל פילים(. אמר אביי רבן שמעון בן גמליאל, ורבי שמעון, ורבי ישמעאל, ורבי עקיבא, כולהו סבירא להו **כל ישראל בני מלכים הם**. רבן שמעון בן גמליאל הא דאמרן)שמתיר לטלטל שברי זכוכית וזמורות, מפני שהם ראוים למאכל יענות ופילים, אף על פי שרק מלכים מגדלים אותם, וראוים בני ישראל לגדל אותם כי בני מלכים הם(. רבי שמעון דתנן)סובר במשנה שדנה באיזה שמנים ראוי אדם לסוך בהם בשבת, וסובר רבי שמעון כי בני ישראל(**בני מלכים**, סכין על גבי מכותיהן שמן וורד, שכן דרכן של בני מלכים לסוך בחול, רבי שמעון אומר **כל ישראל בני מלכים הם**)ומותרים לסוך בשבת בשמן וורד(.

[134]

הדינין. ומלכים אלו מתו ונפלו לבי"ע, **עד שבא הדר מלך השמיני** ואשתו[135] מהיטבאל, והוא היסוד
דא"ק, שהוא[136] שם מ"ה החדש, והוא[137] **טפת הלובן** הרומזת לחסדים, שיצא דרך המצח דא"ק, ואז התחבר עם
המלכיות דב"ן ונתקן עולם האצילות, על[138] ידי חיבור שם מ"ה עם שם ב"ן, חסד עם הדין. **גם**[139] **המבול רומז**

ע"ח ש"ט פ"ו מ"ב דמ"ה ע"ג – ואז עדיין היה מתפשט ס"ג עד רגלי א"ק, ואחר כך כשרצה להוציא מ"ה
וב"ן, שהם ענפי זו"ן, אז בזדווגו ע"ב ס"ג הפנימיים, שהם חו"ב ממש, ואז נברא העולם במידת הדין, **ויצאה**
בת מתחלה שהיא שם ב"ן בפנים דא"ק, ואחר כך יצאו ענפיו לחוץ דרך העין, מטבורו דא"ק ולמטה, ולא
נתקיימו הענפים שבחוץ, עד שחזרו להזדווג **והולידו בן שהוא שם מ"ה** בפנים ובחוץ, והוא מידת הרחמים
ונתקיים העולם, כמו שאמרו רז"ל על פסוק ביום עשות הוי' אלהי"ם ארץ ושמים, והבן אמרם העולם, כי
מציאת העולם הם השבעה תחתונות לבד שהם זו"ן, אלא בראשונה היו זו"ן נקבות מצד דין, **שהוא שם ב"ן**,
ואחר כך היו זו"ן זכרים **משם מ"ה**, כי כל מ"ה וב"ן נקרא בשם עולם.
135

בראשית ל"ו ט"ל – וימת בעל חנן בן עכבור וימלך תחתיו **הדר** ושם עירו פעו ושם **אשתו מהיטבאל** בת
מטרד בת מי זהב.
136

ע"ח ש"י פ"א מ"ת דמ"ז ע"ב – והנה כאשר עלה ברצון המאציל להחיות את המתים, ולתקן את המלכים
האלו הנשברים והנפולים בעולם הבריאה, גזר והעלה מ"ן מתתא לעילא, ועל ידי כך היה זווג עליון דחו"ב
דא"ק פנימיותו, **והוציא שם מ"ה החדש**, ונתקנו המלכים
ע"ח ש"י פ"ד מ"ב דמ"ט ע"ב – אחר כך **יצא שם מ"ה מהמצח דא"ק**, והוא סוד טעמים ונקודות
הראשונות מס"ג, נקרא עתה ב"ן, ונתחברו עתה מ"ה וב"ן, ומהם נתקנו כל הנקודות, שהם המלכים שמתו,
ושאר המלכים שלא מתו שבין כולם נקרא אצילות. ועתה אחר התיקון נקרא ברודים, והוא שבא אחר
הנקודים, וזה שאמר הכתוב - עקודים נקודים ברודים, **שם של מ"ה היוצא עתה ממצח החדש**, יש בו
טנת"א, כמו ע"ב וס"ג. טעמים של מ"ה דכורא דעתיק, והטעמים דב"ן נוקבא דעתיק. ונקודה של מ"ה דכורא
דא"א, ונקודות דב"ן נוקבא דא"א. תגין דמ"ה או"א, אותיות דמ"ה זו"ן.
137

ע"ח ש"ג פ"ב מ"ב דט"ז ע"ד – והנה העשר ספירות דאצילות להיותם לבושים למלכות דא"ק, התחילו
בהם הסיגים, ונרמזו באלה המלכים הנזכר בראש אדרא רבא, כי כולם בני מלכים הם. בראשית ברא אלהי"ם
[שהיא מלכות דא"ק הנקראת אלהי"ם, ומכחה נבראו שמים וארץ דאצילות], ומתחלה לא נתקנו עד שיצא הדר
מלך השמיני)ממ"ה סא"א(, שם הוי"ה, **הוא תולדות היסוד דא"ק**, מילה שניתנה בשמיני והוא הדרת פני
[נ"א פנים] זקן, **והוליד טיפת הלובן הנקרא חסדים**, והטיל במ"ן דמלכות שבו)נ"א מ"ד במ"ן במלכות
שבה(שהוא טיפת אודם, ארץ אדום, וכדין עלמין אתבסם שהם שבעה מלכים הכוללים העשר ספירות
דאצילות, כי ראשון כולל ג"ר, וכדין עלמא אתבסם **בזווג יסוד ומלכות דא"ק**. וזהו ביום עשות הוי"ה
אלהי"ם ארץ ושמים, שיתף רחמים בדין, ואז נתקן האצילות.
138

בראשית רבה יב ט"ו - הוי"ה אלהי"ם, למלך שהיו לו כוסות ריקים, אמר המלך אם אני נותן לתוכן חמין
הם מתבקעים. צונן הם מקריסין. מה עשה המלך, ערב חמין בצונן, ונתן בהם ועמדו. כך אמר הקב"ה, אם
בורא אני את העולם במידת הרחמים, הוי חטייה סגיאן. במידת הדין איהך העולם יכול לעמוד. אלא הרי אני
בורא אותו במידת הדין ובמידת הרחמים, והלואי יעמוד.

פסיקתא רבתי פ"מ - אמר רבי חנינא, כשבקש הקדוש ברוך הוא לבראות את עולמו, היה מסתכל במעשה
הרשעים, ולא היה מבקש לבראות את העולם, דור אנוש, דור המבול, דור הפלגה ומעשה סדומיים. והקב"ה
חוזר ומסתכל במעשה הצדיקים, באברהם, יצחק ויעקב כולהם, וחוזר ומסתכל ואומר, בשביל רשעים איני
בורא את העולם, הריני בורא את העולם, ומי שהוא חוטא אינו קשה לרדותו בו, לפיכך היה מבקש לבראות
את העולם בדין, ולא היה יכול בשביל הצדיקים, ומבקש לבראתו ברחמים, ולא היה יכול בעבור מעשה
הרשעים. מה עשה, שיתף מידת הדין ומידת הרחמים, וברא את העולם. שנאמר ביום עשות הוי"ה אלהי"ם
ארץ ושמים.

לשבירת הכלים, **רבוי מים** הרומזים בכל[140] מקום לאורות **על הארץ** שהיא בחינת המלכות, **כן** בגלל רבוי האורות שנפלו על **המלכות** הכלים של המלכויות דנקודים, והג"ר יכלו לסבול את האורות, ושבעה תחתונות דנקודות לא יכלו סבול אותם, **ורעש מתבטלא** והארץ התבטלה, ר"ל נשברו הכלים של השבעה תחתונות. **וזה סוד** הפסוק[141] **ויכסו** המים את כל ההרים הגבוהים, שהם חג"ת **הנקלים הרים** ובכללם הנה"י שנקראים גבעות, כנזכר[142] **בתיקונים שהרים** חג"ת. **וגם נה"י** שהם גבעות **בכללם** הם בשם קצוות. ומה שנזכר בפסוק **כל ההרים,** רמז לביטול דחו"ב כי **כל** בא לרבות את חו"ב. **וזה סוד** הפסוק[143] **חמש עשרה אמה מלמעלה גברו** המים שהם האורות שהתלבשו בכלים, **כי האור** שהיה משבר את **הכלים** דשבעה תחתונות, והיה מי"ה דס"ג, **סוד האות י'** דהיינו חכמה, שהיא **נקודים** בסוגית תנת"א[144], **ואות ה'** היא **סוד ה' בערך עקודים** ר"ל עולם הנקודים בעצמו הוא אות י', אבל בערך עולם העקודים הוא נקרא אות ה', כנזכר **במקום אחר.** ולכן הרב ז"ל שואל **אמר למה** ולא אמות, והסיבה היא שאמר אמה ולא אמות, מפני **שאמה הוא** גימטריא ל"ז, שהוא יו"ד ה"י וא"י ה"י **במילוי דס"ג** ר"ל שמילוי[145] ס"ג הוא ל"ז, ואם נצרף **עם מילוי** דס"ג שהוא ל"ז את **התשעה ספירות הנחרבים**[146] שהם

<hr>

139

ספר ליקוטי הש"ס, ליקוטים מעץ החיים, ליקוטים לזכירה מעץ החיים – ידוע כי קודם בריאת העולם של העשיה, ויצירה, ובריאה, ואצילות, אז בנה הקדוש ברוך הוא כמה עולמות אבי"ע, **וחזר ומחריבן,** ואמר דין לא הניין לי, כי גברו בהם הדינין והקליפות עד מאוד. וכאשר הגיע להאציל את השׁשׁה קצוות של האצילות, לא הצליחו במלכות, ותיכף נשברו ומיתו, לא דמיתו ממש, רק שירדו ממדריגתם, דהיינו שנפרדו הכלים של הששה קצוות אשר נשברו, למטה במקום עולמות בי"ע. והרוח תשוב אל האלהי"ם חיים במעי אמא עלאה, כי בג' עליונות לא שלטה בהם השבירה, ומאלו העולמות היו אותן התתקע"ד דורות שעלו במחשבה להבראות, ולא נבראו, יען שהם כולם רעים וחטאים מאוד להוי"ה, **כגון דור המבול,** ודור הפלגה, ואנשי סדום. ואלו הם סוד הכתוב ואלה המלכים אשר מלכו בארץ אדום וגו', עד עת בא התיקון הנכון, ועשה מכל הנזכרים מלך אחד, שהוא הזעיר הנזכר בכל הזוהר.
140

ע"ח ש"א ענף ב' מ"ב די"א ע"ד – ובמקום החלל ההוא האציל וברא ויצר ועשה כל העולמות כולם, וקו זה כעין צנור דק אחד, אשר בו מתפשט ונמשך **מימי אור העליון** של א"ס אל העולמות, אשר במקום האויר והחלל ההוא.

ע"ח ש"ח פ"ב מ"ב דל"ו ע"א – והנה אחר שצמצם עצמו, הניח חד פרסא באמצע גופו, במקום טבורו מבפנים, כדי שיפסיק בנתיים. וזה סוד יהי רקיע בתוך המים, ויהי מבדיל **בין מים למים,** כנזכר בזוהר בראשית דף ל"ב - אית קרומא חדא באמצעית מעוי דבני נשא, דאיהו פסיק מעילא לתתא, ושאיב מעילא ויהיב לתתא, ואז נשאר **כל האור** לעילא מהאי פרסא.
141

בראשית ז' י"ט – והמים גברו מאד מאד על הארץ ויכסו כל ההרים הגבהים אשר תחת כל השמים.
142

תיקוני הזוהר ד' ע"ב תרגום וביאור – **ולית הרים אלא אבהן** ואין הרים אלה האבות שהם חג"ת, **דאינון מרכבתיה** שהם המרכבה.
143

בראשית ז' כ' – חמש עשרה אמה מלמעלה גברו המים ויכסו ההרים.
144

ע"ח ש"ה פ"א מ"ב דכ"א ע"א - ונאמר כי הנה ע"ב טעמים בכתר, **וס"ג נקודות בחכמה,** ומ"ה תגין בבינה, וב"ן אותיות בתפארת)נ"א בז"ת(.
145

השבעה תחתונות שמתו, ונפלו הכלים שלהם לבי"ע, וחו"ב שהיה ביטול באחוריים שלהם, וגם האחוריים דנה"י דכתר שנפגמו, הכל יהיה בגימטריה מ"ו, והוא גימטריה **אמה**, **כי המלך הראשון** שהוא **דעת, כולל פגם כתר וביטול חו"ב, כעניין**[147] **ההיכלות** שיש בכל עולם, **שהיכל ראשון** בכל מקום הנקרא היכל קודש הקדשים **כולל ג"ר בו**, ולפעמים נקרא כה"ב, ולפעמים נקרא כחב"ד[148]. **וזה סוד** המילה גבלו המים, **כי שם ס"ג** שבנקודות דיליה היתה השבירה, הוא באימא, שמנה[149] הדינים מתערין, והיא **סוד קוי הגבולה** בג"ה.

המשך הדרוש דמ"ת מספר אוצרות חיים

צריך[150] **לדעת** כי בתנ"ך נזכרים מקרה המלכים בשני מקומות, האחד בפרשת וישלח, כמו שמבואר בפרקין, והשני בספר[151] דברי הימים[152] בפרשת, בפרשת המלכים דז"א, ובדברי הימים הם המלכים דנוקבא. יש עוד בחינה של מקרה המלכים שלא נזכר בתנ"ך והוא[153] בא"א, לכן[154] יש בכללות ג' מקומות שבהם הבחינה היתה של מקרה המלכים,

---

ע"ח שי"ט פ"ב מ"ת ד"צ ע"ג – והנה מה שנכנס תחלה באלו הכלים להחיותן, אינם הג' שמות בעצמן, רק המילוי שלהן נכנסין תחלה, שהם מדרגות השפלות מן השמות עצמן, כמו שכתוב בדרוש רפ"ח ניצוצין. והנה מספר המלויין לבדם של אלו השמות אחר שנסיר מהם שמות הפשוטין הם אלו, מילוי ע"ב כשתסיר הפשוט שהוא גימטריא כ"ו, נשאר מ"ו. **ומילוי ס"ג על דרך הנזכר לעיל הוא ל"ז. ומילוי מ"ה** על דרך הנזכר לעיל הוא י"ט.
146

הגהות וביאורים)ה(– וגם מילוי ז' ספירות הנחרבים, כתב יד.
147

תרשים ד – י.
148

תרשים ד – י"א.
149

ע"ח שי"ד פ"ב מ"ת ד"ע ע"ד – גם בזה תבין מה שכתוב בזוהר על פסוק מי ימלל גבורות הוי"ה, **כי בינה נקרא גבורות**, בסוד ואם בגבורות שמונים שנה. וכן אמרו בזוהר כי **הבינה דינין מתערין מינה**, כנזכר פרשת אחרי מות, ופרשת ויקרא, וכן בהרבה מקומות. והטעם הוא לפי שכולה אינה נעשית ונבנית אלא מגבורות לבדם, מה שאין כן ברחל ולאה, שאף על פי שהם נקראים נקבות, יש בהם גם כן חסדים, **וזכור הקדמה** זו. גם זה סוד הפסוק, אני בינה לי גבורה, כי היא לוקחת הגבורה דב"ן דא"א, ומשם נבנית.
150

תרשים ד – י"ב.
151

דברי הימים א' א' פסוקים מ"ג עד נ"א – ואלה המלכים אשר מלכו בארץ אדום לפני מלך מלך לבני ישראל **בלע** בן בעור ושם עירו דנהבה. **וימת** בלע **וימלך** תחתיו יובב בן זרח מבצרה. **וימת** יובב **וימלך** תחתיו חושם מארץ התימני. **וימת** חושם **וימלך** תחתיו הדד בן בדד המכה את מדין בשדה מואב ושם עירו עיית]עוית[. **וימת** הדד **וימלך** תחתיו שמלה ממשרקה. **וימת** שמלה **וימלך** תחתיו שאול מרחבות הנהר. **וימת** שאול **וימלך** תחתיו בעל חנן בן עכבור. **וימת** בעל חנן **וימלך** תחתיו הדד ושם עירו פעי ושם אשתו מהיטבאל בת מטרד בת מי זהב נא. **וימת** הדד......
152

מבוא שערים ש"ה ח"א פ"י הגהת הצמח דמ"א ע"ב – מכאן שהמלכים שמלכו ומתו בשבוע ראשונה של בריאת העולם כנודע, ולכן מת **הבל**, **בלע המות לנצח**, שהרי אם מהם בחינת המיתה, כמה מתו עד זמן וישלח יעקב, אלא שהיה מלכותם ומיתתם בשבוע ראשונה, שהרי מהם ומבירורם נבראו כל הנשמות ומלאכים וכל הדברים כנודע, אלא שנכתב ענינים בוישלח יעקב, להודיענו שהם מלכים **דז"א** הנקרא יעקב וישראל כנודע, והמלכים דדברי הימים **דנוקבא.**
153

אבל צריך לדעת כי[155] מקרה המלכים קרה בכל פרצוף ופרצוף. **זאת ועוד** יש חלוקים בין ב\' המקומות בתנ"ך, וגם[156] חילוקים בכל אחד מהמקומות, וכל אלה יתבארו לקמן בשער שבירה, והם לא לסוגיה זאת. **ודע כי**[157] **כל**[158]

ע"ח שי"ז פ"ג מ"ב דפ"ה ע"א – גם תירוץ אחר כמו שכתוב שם בנשא קכ"ב בפירוש, **כי שבעה מלכים היו בא"א**, ושבעה מלכים בז"א, ושבעה מלכים בנוקבא. ואם כן השבעה הנזכרים לעיל, ר"ל השבעה שבכל בחינה מהשלושה אלו, **אם כן גם בא"א היו בו השבעה מלכים קדמאין**, בששה קצוות שלו, ובאו השבעה אחרים דמ"ה לתקנם, וכן בזו"נ.

154

דעת ותבונה לרי"ח פ"ח דמ"ב ע"ג – כתב מורנו הרב זלה"ה בספר מבוא שערים ש"ב ח"ג פ"ו וז"ל - אחר שנתבאר בפרקים עניין השבעה מלכים הנזכרים, נבאר עתה כי זה המקרה שקרה אל שבעה מלכים האלו של **כללות עולם הנקודים, גם קרה בפרטות**, והוא כמו שכתב בש"ג ח"א פ"א וח"ב פ"א עניין העשר ספירות שהם מקוריות, ושרשים אל כל האצילות, שהם העשר ספירות דא"א עם עתיק יומין, המתחלקים כח"ב בא"א, וחג"ת בז"א, ונה"י בנוקבא. **ולכן שלושה פעמים היה עניין ביטול שבעת מלכים, אחד בא"ריך. שני בז"א. שלישי בנוקבא**, והעניין הוא כי כאשר יצא בתחילה **בחינת הא"א** קודם התיקון הנה הג"ר שבו יצאו יותר מתוקנות קצת, להיותם שלושה ראשונות חשובות כאחד, על דרך הנזכר בחלק א\', ויכלו לקבל האור שלהם, **אכן בצאת השבעה תחתונות שבאריך מן הבינה שבו, שהיא אם הבנים, לא יכלו לקבל האור שלהם ונתבטלו**. וזהו השבעה מלכים שמלכו בארץ אדום היא הבינה דא"א, ונקראת ארץ אדום דדינין מינה מתערין, בכל בחינת בינה בכל מקום שהיא. וכן אחר כך **בצאת ז"א** כלול מעשר ספירות, הנה הג"ר שבו יכלו לסבול האור ולא נשברו, וכאשר יצאו מן הבינה שבו השבעה תחתונות שלו, לא יכלו לקבל האור שלהם ונשברו ומתו, והרי הם שבעה מלכים שניים, מז"א. וכן אחר כך **בצאת נוקבא דז"א** יצאו הג"ר, וכאשר באו לצאת השבעה תחתונות שבה, לא יכלו לסבול האור ומתו, והרי הם שבעה מלכים שלישיים מנוקבא דז"א. וכולם מלכו בארץ אדום היא הבינה שבכל אחד מהם. וזהו עניין שנזכר שלש פעמים דרוש אלו המלכים באדרת נשא, כנגד שלושה פעמים שנתהווה מציאותם. גם לכן נזכר ב\' פעמים בתורה עניין ואלה המלכים, אחד בפרשת וישלח, ואלה המלכים וכו\', **והם המלכים דז"א, כנודע כי התורה היא בחינת ז"א**. והשני בדברי הימים **והם המלכים דנוקבא דז"א, כי כתובים הם בנוקבא כנודע**. אמנם המלכים של א"א לא נזכר כלל בתורה, כי גבה ממנה כי התורה היא בז"א, וכמו שכתוב באדרא דף ק"ל ע"א - שמא דעתיקא סתים מכלא ולא נתפרש באורייתא בר אתר חד וכו\'.

155

ע"ח ש"ט פ"ו מ"ב דמ"ה ע"ג – והנה בכל אחד מאלו החמשה פרצופים יש בו עשר ספירות גמורות, והנה בראשונה יצאה נקודה ראשונה דב"ן, והוא הכתר דב"ן, והיא כלולה מעשר ספירות, ויצאו כל העשר ספירות שבה כלולים בכלי הכתר שבה, שהיא הכתר דכתר, ונשאר שם אור הכתר, וחזרו וירדו התשעה אורות בכלי חכמה דכתר, ונשאר שם אור החכמה, וחזרו וירדו שמונה אורות בכלי הבינה דכתר, ונשאר שם אור הבינה, ואחר כך יצא אור הדעת בכלי הדעת, ונשבר והאור שלו, עלה למעלה, והכלי נפל למטה. ואחר כך יצא אור החסד, ובו כלולין ז\' אורות)נ"א ששה(, ונשבר, והאור עלה למעלה, והכלי נפל למטה. ואחר כך יצא אור הגבורה בכלי הגבורה, ובה כלולים חמשה אורות, ואירע בה כנזכר לעיל, וכיוצא בזה עד התחתונה, שהיא מלכות כתר דב"ן, גם היא נשברה ואירע בה כנזכר לעיל, **הרי כי אירע מיתת שבעה המלכים בכתר דב"ן**, שהם השבעה תחתונות שבכתר זה. אחר כך יצאה הנקודה השניה שהיא חכמה דב"ן, וגם היא כלולה מעשר ספירות, ואירע לה כמקרה כתר, כי ג"ר שבה יצאו ולא נשברו, **ובצאת הדעת התחילו להשבר)נ"א לשבור(, עד תשלום השבעה תחתונות**, שהם שבעה מלכים שבה. אחר כך יצאה נקודה שלישית שהיא בינה דב"ן, וגם היא כלולה מעשר ספירות, ואירע לה כמקרה ראשונה, כי ג"ר שבה נשארו שלימות, **והשבעה תחתונות המתחילין מן הדעת שבה כולם נשברו**. ואחר כך יצאו שבעה נקודות דב"ן, שהם כללות ב\' נקודות לבד כנודע, שהם זו"ן דב"ן, אשר כל נקודה משתי בחינות האלו לבד כלולה מעשר ספירות, **וכל אלו נשברו**, על דרך הנזכר לעיל. **והרי שבין בכללות ובין בפרטות קרה להם מקרה אחד זה**, כי בכללות הנה השבעה נקודות דב"ן, אשר בחינתם אינה אלא ב\' נקודות לבד, הנה כולם נשברו, ואם בפרטות כי כל השבעה תחתונות של כל אחד מן הג"ר גם כן נשברו.

אֵלּוּ הֵם עִנְיַן הַמְּלָכִים [159]הַנִּזְכָּר **בְּפָרָשַׁת וַיִּשְׁלַח** וְלֹא[160] בספר דברי הימים, בפסוק **וְאֵלֶּה הַמְּלָכִים אֲשֶׁר מָלְכוּ בְּאֶרֶץ אֱדוֹם** ונקראים מלכי אדום, לפי שיצאו מן הבינה שהדינים מתערין מינה, והם[161] שבעת המלכים שהם סוד תולדות מלכות דא"ק שיצאו מהבינה קודם התיקון, **וְזֶה**[162] **פְּרָטָן,**

רחובות הנהר ד"ב ע"א – ידוע כי חמשה נקודות יצאו מעינים דא"ק, מבחינת ב"ן, וכולן יצאו שלימות, כל אחת שלימה בכל חלקי הנקודה ההיא, באופן שכל אחת ואחת כוללת חמשה פרצופים, עתיק, וא"א, ואו"א, וזו"ן. **וסדר שבירת הכלים היה בכל נקודה ונקודה מהם**, דכל אחד ואחד מהם, הג"ר עתיק וא"א ואו"א שבו, נתקיימו, ושבעה תחתונות זו"ן שבו נשברו.
156

שער מאמרי רשב"י דס"ב ע"א – וראוי לבאר עתה מנין שמונה מלכים אלו בפרטות אלו לאחד, למצא חשבון גם מפני מה נשתנו קצת מהם, לכתיב בהם שם עירם, כבלע בן בעור, והדד בן בדד והדר. ואמנם שם אשתו לא נזכר כי אם באחרון בלבד, גם מפני מה בהדר נאמר המכה את מדין בשדה מואב. גם למה נאמר במלכים אחרים. גם למה בתורה בארבעה מלכים שהזכיר שם אבותם כשמתו בשלשה מהם לא נזכר שם אבותם. גם נזכר בארבעה מהם לבד שם אבותם. וארבעה מהם לא נזכרו מי אביהם. גם למה אמר בחשם מארץ, ולא אמר כן בכולם. גם מפני מה אמר מיתה בכולם חוץ מן המלך האחרון, שלא נאמר בו מיתה. גם ראוי לחקור על מה שמצינו שינוי במלכים אלו מתורה, למה שנזכר בדברי הימים הראשון, כי בתורה נזכר מלכות בבלע בן בעור, ושם לא נזכר אלא ואלה המלכים אשר מלכו בארץ אדום, לפני מלך מלך לבני ישראל, בלע בן בעור וכו'. השני כי בתורה כתיב וימת חושם בלא וא"ו, ובדברי הימים בוא"ו. השלישי כי בתורה כתיב עיית. ושם כתיב עיו"ת וקרי עוי"ת. הרביעי כי בתורה כתיב וימת בעל חנן בן עכבור, ושם כתיב וימת בעל חנן לבד. החמישי כי בתורה כתיב וימלוך הדד, ושם כתיב הדד. השישי כי בתורה כתיב פעו, וישם כתיב פעי. השביעי כי בתורה לא נאמר מיתה במלך אחרון, ושם כתיב וימת הדר, ומהו"ה אשאל יראני נפלאות מתורתו.

ע"ח שמ"ט פ"ז מ"ב הגהה לצמ"ח דקי"ג ע"ב – קב חרובין, היינו גימטריא בלע, מלך ראשון, וכן כולם - דכתיב וימת שהיא חורבה.
157

הגהות וביאורים)ו(– מבוא שערים דף כ"ו ע"ב פרק ח'.
158

כרם שלמה ש"ח פ"ד אות ו' – מה שכתב כי אלו המלכים דפרשת וישלח, מפני שיש מלכים אחרים שהם נזכרים בדברי הימים א', וכדי שלא תטעה לכן אמר שאלו המלכים שמדברים עתה עליהם הם של פרשת וישלח ולא של דברי הימים. והחילוק ביניהם הוא כי יש שם בדברי הימים נזכרים ומנויים שם המלכים של **פרצוף המלכות הכללית של האצילות**, וכאן בפרשת וישלח הם המלכים של **פרצוף ז"א דאצילות,** כמו שמפורש במקום אחר בדבריו ז"ל. ויש קצת שינוי בשמותיהם כמו שיראה המעיין בפרשת וישלח ובדברי הימים, ולכן כתב כאן כי אל הם ענין המלכים הנזכר בפרשת וישלח, ר"ל לאפוקי של דברי הימים.
159

איפה שלימה, שער הנקודים פ"ד ד"ח ע"ב)ו(– הנזכר בפרשת וישלח וכו'. הם בחינת המלכים דז"א. אבל ז' מלכים הנזכרים בדברי הימים הם בנוקבא, כמו שכתב רז"ל במאמרי רשב"י דרוש רות דף ס"ב ע"ב, בהנדפס מחדש יעו"ש.
160

ספר הזוהר, סבא דמשפטים דקי"א ע"א עם ביאור ותרגום – **ועל דא** ועל זה כתוב - **בבטן עקב את אחיו** שפירושו, **שוי עליה למהוי עקב** שם שם יעקב על עשיו להיות נקרא עקב, **ונטל עשו האי עלמא בקדמיתא** ולכן לקח עשן את העולם הזה בתחילה, **ודא רזא דכתיב** וזה סוד הפסוק - **ואלה המלכים אשר מלכו בארץ אדום לפני מלך מלך לבני ישראל, ודא איהו רזא דאמר שלמה מלכא** וזה הסוד שאמר שלמה המלך - **נחלה מבהלת בראשונה** נחלה נחלה הבא לאדם בראשיתה בבהלה **ואחריתה לא תבורך,** ר"ל **בסוף עלמא** בעולם הבא בעולם הבא לא תבורך, ולא תהיה לא שלמות, **ועל דא** ועל זה כתוב, **בבטן עקב את אחיו.**
161

בְּלֵע[163] בֶּן בְּעוֹר זֶה סוֹד[164] ספירת הַדַּעַת, והוא מהסיגים דדעת, הנקרא דעת דקליפה[165], ולכן רצה לשלוט על הערב רב שעלו עם ישראל ממצרים, ששורש נשמתם מהדעת דז"א[166], וּכְבָר הוֹדַעְתִּיךָ כִּי[167]

חסדי דוד אות פ"ב דנ"ב ע"ד – שבעה מלכים הם, שהם בלע דעת. יובב חסד. חשם גבורה. הדד בן בדד תפארת שלה. נצח והוד תרי פלגי גופא. שאול יסוד. בעל חנן מלכות. ואלה המלכים כולם דב"ן, ויש בהם מ"ה וב"ן, והששה הם מ"ה דב"ן, והשביעי ב"ן דב"ן, **והם תולדות מלכות דא"ק**, והם דינין, ולכן מתו ונשברו הכלים שלהם, ונפלו לבי"ע, והאורות נשארו באצילות, ונפלו איזה ניצוצין מהאורות עם הכלים לבי"ע, כדי שיהיה להם מציאות תיקון אחר כך.
162

כרם שלמה ש"ח פ"ד אות ו' – ומה שכתב וזה פרטן, כי עכשיו רוצה למנות ולרמוז שמות הספירות, שהם דעת חסד וכו', בשמות השבעה שמות שהם מנויים בפרשה, כמו בלע, איך רמוז בו שם ספירת הדעת, וכן השאר, וזהו פירוש מה שכתב וזה פרטן.
163

כרם שלמה ש"ח פ"ד אות ו' – והתחיל למנות אותם ולרמוז שמותם, וכתב **בלע בן בעור זה דעת**, ואם תאמר איך רמוז הדעת בשם בלע, לזה כתב - **וכבר הודעתיך כי בלעם הוא בלע**, כמו שאמרו רז"ל. פירוש, כי הוציאו אותם מכח שם שהם שם אחד זה **בלע בן בעור**, וזה **בלעם בן בעור**. ואם תאמר זה היה בימי משה רבינו עליו השלום, וזה היה קודם כמה מאות שנים. ונודע כי לא חי בלעם הרשע כי אם ל"ג שנים, כמו שדרשו רז"ל מפסוק - לא יחצו ימיהם וכו', והכתוב אומר כי כל אלו המלכים אשר מלכו הם לפני מלך מלך לבני ישראל, והמלך הראשון שהיה הוא היה משה רבינו עליו השלום, דכתיב - ויהי בישורון מלך, ואם כן איך יתרץ שבלע בן בעור הוא עצמו בלעם הרשע, ולזה כתב **והוא סוד דעת דקליפה**, ור"ל כי הנשמה זו שלקחה בלעם הרשע היתה מצד דעת דקליפה, והדעת דקליפה עצמה נקרא בשם בלע או בלעם, וכל מי שיורש נשמה זו מצד דעת דקליפה, נקרא בשם בלע, על שם דעת דקליפה, ולכן המלך הראשון דארץ אדום נקרא בלע, על שם הנשמה שלו, שנקראת בשם בלע, משום שהיא מצד דעת דקליפה. נמצינו שנשמה הזו ירש אותה בלעם הרשע, ועל שמה נקרא בשם בלעם, כי נשמה זו או נצוצין שלה נתגלגלה בכמה אנשים, בלבן, בלעם, ובנבל הכרמי, וכו'. ולכן אמרו רז"ל כי - לבן הוא אביו של בלעם, והלא כמה שנים יש מזה לזה, אלא נשמת בלעם תחילה היתה בלבן, ואחר כך נתגלגלה בבלעם. ומפני שקדם לבן ולקחה קודם בלעם, נקרא אביו של בלעם. **סוף דבר** כי האדם נקרא על שם הנשמה שלו, ולכן כאן גם כן המלך הראשון דאדום היה נשמתו היה מצד הדעת דקליפה, כמו נשמת בלעם הרשע, וממין אחד הם, ולכן אמרו רז"ל - בלע זהו בלעם, ר"ל נשמתו כמו נשמת בלעם, ולזה הוצרך לפרש הרב ז"ל מאמר רז"ל מה ר"ל בלע הוא בלעם, לזה כתב והוא דעת דקליפה.
164

הגירסה באוצרות חיים – **סוד**.
165

שער הפסוקים, פרשת שמות, ויקם מלך חדש על מצרים – ונמצא, כי משה היה שרש הדעת עצמו, בבחינת הטוב של הקדושה, וענפיו הם בני ישראל שיצאו ממצרים, הנקראים דור דעה. ובלעם הוא שורש הדעת של הקליפה, מעורב בקצת טוב. וערב רב הם ענפיו של בלעם, מעורבים גם הם בקצת טוב.
166

אמת ליעקב, מערכת ע' אות צ' דע"ג ע"ד – ערב רב. ענין ערב רב שהיו בדור המדבר, וענין עשו איך הוא אחיו ממש של יעקב, דע דשני אלכסונים שבשני צדדי יעקב שהם, בשורה החיצונית הם הערב רב מצד ימין, ולפי שנשמתם באה משם, שהוא צד ימין, לכן נתגיירו. **וזה סוד דערב רב הם ניצוצות של משה רבינו ע"ה**, בסוד לך רד כי שחת עמך, ועל כן טרח כל כך ומת במדבר בעבורם כדי לתקנם. ואמנם ההארה שמשמאל יעקב הוא בחינת עשו אחיו, ולהיותו משמאל לכן לא נתגייר כמו הערב רב, ולהיות דהערב רב ועשו רחוקים מז"א בשורה החיצונית, לכן שלטו בהם החיצונים יותר, ובשמאל שהוא עשו שלטו יותר מבערב רב, להיותו מהשמאל. ויען שדור המדבר היו מבחינת הדעת כנזכר לעיל, גם הערב רב נמשכו משם, לכן **ער"ב ר"ב** גימטריא דע"ת. גם **בלעם** היה מבחינת הקליפה **הנאחזת בדעת הזה**, כמו שאמר הכתוב - ויודע דעת עליון,

בלעם הוא גלגול נשמת **בלע** הנזכר, ר״ל כי בלע הוא שורש נשמת בלעם[168], **כמו שֶאָמְרו רַז״ל**[169] עַל[170] הפסוק ולא קם נביא עוד וגו׳, בישראל[171] לא קם אבל באומות העולם קם, **וְהוּא בְּסוֹד דֵעַת**

מַמָש. ולכן היה מקטרג בהם בדור המדבר לפי שבו היה דבוק, ואחר כך נפרד מהם, ולכן היה שונא אותם מחמה קנאה.

167

בית לחם יהודה ש״ח פ״ד דכ״ה ע״ג – כי בלעם הוא בלע כמו שאמרו רז״ל. הוא בתרגום רב יוסף, שעל דברי הימים א׳ סימן מ׳ פסוק מ״ג, וז״ל - ואלין מלכיא די מלכו בארעא ואדום קודם, עד לא מלכא לבני ישראל, בלעם בר בעור רשיעא הוא)בר בריה ד(לבן ארמאה וכו׳.

168

שער הפסוקים, פרשת שמות, ויקם מלך חדש על מצרים – והנה בחינת בלעם, כבר נתבאר כי הוא הרע של הבל. וזה סוד פסוק - ולא קם נביא עוד בישראל כמשה, ודרשו רז״ל בישראל לא קם, אבל באומות העולם קם., וממנו בלעם. ונודע מה שהקשו על מאמר זה בספר הזוהר, בסוף פרשת שמות. אבל הענין יובן עם הנזכר לעיל, כי שניהם מן הדעת דזעיר, מבחינת הבל כנזכר, כי היו מעורבים בו טוב ברע, על ידי חטאו של הבל שחטא, כנזכר בספר התיקונים תקון ס״ט. ואחר כך נתברר הטוב לבדו במשה, כמו שאמר הכתוב - ותרא אותו כי טוב הוא, ועיין בפסוק ויקח קרח וגו׳. והרע לבדו בבלעם, אלא שעדיין היה בו מעורב קצת טוב, ולכן זכה לנבואה ולרוח הקדש בתחלתו, כמו שאמרו ז״ל, ולכן היה שקול כמשה ממש. **אלא שמשה היה בדעת הטוב של הקדושה, ובו התחיל ראשית תקון הבל, מבחינת הדעת, ובלעם היה בדעת הרע של הקליפה, ובו התחיל ראשית בירור הרע של הבל, מבחינת הדעת.** וזה מה שכתוב - ויודע דעת עליון, כי להיות בו ניצוצות קדושה מן הדעת עצמה, וגם היה הוא דוגמתם מן הדעת של הקליפה, לכן היה נאחז בדעת עליון של הקדושה, והיה לו שם ידיעה והשגה. ונמצא, כי אף על פי שבספר הזוהר, במדרש רבה חז״ל ביארוהו על דעת שבקליפות, עם כל זה הפשט לא יוכחש, כי מתוכו היה נאחז בדעת דקדושה. וזהו הטעם שהיה בלעם שונא את ישראל בתכלית, כי הוא הסיגים שהפרישוהו מהם. ודע, כי גם בניו יונוס וימברוס היו מבחינה זו גם כן, ולכן הם היו הראשים של הערב רב, והם היו העיקרים, כנזכר בספר הזוהר בפרשת כי תשא. ונמצא, כי כיון שנזדככו ונתלבנו הנשמות ההם, באותם ק״ל שנה, אז מן הסיגים שנפרדו ונשתיירו מהם, **יצא בלעם, ראשית המובחר שבכל הרע ההוא והשורש שלהם,** וכל הערב רב הם הענפים שלו וכנזכר לעיל. והנה בחינת הערב רב, הם הסיגים שנשתיירו מדור המדבר, כי כמו שבבלעם היה הרע הניטל ממש, כן הערב רב הם הרע של דור המדבר. וכמו שבבלעם עדיין היה בו טוב מועט, כן היה עדיין קצת טוב מעורב בערב רב, אבל הם יותר מתוקנים הערב רב מבלעם.

169

תרגום יוסף סגי נהור על דברי הימים, פ״א – ואלין מלכיא די מלכו בארעא דאדום קדם עד לא מלך מלכא לבני ישראל, **בלעם בר בעור רשיעא** הוא לבן ארמאה דאיחביר עם בנוי דעשו, מטול למחבלא ית יעקב, וית בנוי, ובעא להובדא יתהון, ומלך על אדום, ושום קרתא דבית מלכותיה דנהבה, דאיתיהיבת להי מגן, **ומית בלע דקטליה פנחס במדברה,** ומליך תחותוי יובב בר זרח מן בוטרא

170

דברים ל״ד י׳ – ולא קם נביא עוד בישראל כמשה אשר ידעו הוי״ה פנים אל פנים.

171

ספר הלקוטים, פרשת שמות דקמ״ה ע״ד – ונחזור לענין. כי כבר ידעת מה שאמרו רז״ל **ולא קם נביא עוד בישראל כמשה, בישראל לא קם וכו׳,** כי משה ובלעם הם סוד הדעת, **זה בקדושה וזה בקליפה,** ותחלה נתערבו הכל טוב ורע, בעבור חטא אדם הראשון והבל. ואחר כך נתקן ויצא משה בקדושה הטובה לבד, וזהו ותרא אותו כי טוב הוא, ונפרד ממנו בלעם, השקול כמותו בדעת הקליפה, וזה סוד מה שכתוב - ויודע דעת עליון. אמנם סוד דורו של משה נקרא דור דעה, כי כלם מסוד הדעת, וכנגדם הערב רב שהיו מהדעת דקליפה. פירוש, אותם הניצוצין דקרי, מה שהוציא אדם הראשון בק״ל שנה, כמו שכתוב במקום אחר, ועדיין לא היו מתוקנים, ומשה היה רוצה להוציאם קודם הזמן ולתקנם תיכף, ובשביל אלו היה הגלות של מצרים בסוד הדעת

דְקְלִיפָּה. אֲשֶׁ[172]ר עַל כֵּן הָיָה בלעם הרשע שָׁקוּל בְּאוּמוֹת הָעוֹלָם דהיינו בטומאה כְּמֹשֶׁה רבינו ע"ה בְּיִשְׂרָאֵל כל[173] זאת מפני ששניהם מאותו שורש, שהוא הֶבֶל הבן של האדם הראשון,

---

העליון, בסוד כמו שמבואר לעיל בסוד רד"ו שמה, כי ישראל וערב רב כולם מסוד הדעת, ולכן תמצא כי ערב רב בגימטריא דעת.

172

מדרש רבה, במדבר פרשה י"ד כ' – תני ולא קם עוד נביא בישראל כמשה, בישראל לא קם, אבל באומות העולם קם. כדי שלא יהא פתחון פה לאומות העולם לומר, אילו היה לנו נביא כמשה היינו עובדים להקדוש ברוך הוא. **ואיזה נביא היה להם כמשה, זה בלעם בן בעור.** אלא הפרש יש בין נבואתו של משה לנבואתו של בלעם, ג' מדות היו ביד משה מה שלא היו ביד בלעם, משה היה מדבר עמו עומד, שנאמר ואתה פה עמוד עמדי ואדברה אליך וגו', ועם בלעם לא היה מדבר עמו אלא נופל, שנאמר נופל וגלוי עינים. משה היה מדבר עמו פה אל פה, שנאמר פה אל פה אדבר בו, ובבלעם כתיב נאם שומע אמרי א"ל, שלא היה מדבר עמו פה אל פה. משה היה מדבר עמו פנים בפנים, שנאמר ודבר הוי"ה אל משה פנים אל פנים, ועם בלעם לא היה מדבר כי אם במשלים, כמו שכתוב וישא משלו ויאמר וכו'. ג' מדות היו ביד בלעם מה שלא היו ביד משה, ובלעם היה יודע מי מדבר עמו, שנאמר נאם שומע אמרי א"ל אשר מחזה ש"די יחזה. משה לא היה יודע אימתי הקדוש ברוך הוא מדבר עמו, ובלעם היה יודע אימתי הקדוש ברוך הוא מדבר עמו, שנאמר ויודע דעת עליון. משל משל לטבחו של מלך שהוא יודע מה המלך מקריב על שולחנו, ויודע כמה הוצאות יוצאות למלך על שולחנו, כך היה בלעם יודע מה הקדוש ברוך הוא עתיד לדבר עמו. בלעם היה מדבר עמו בכל שעה שירצה, שנאמר נופל וגלוי עינים, היה משתטח על פניו ומיד היה גלוי עינים על מה ששואל, ומשה לא היה מדבר עמו בכל שעה שירצה. רבי שמעון אומר אף משה היה מדבר עמו בכל שעה שירצה, שנאמר ובבא משה אל אהל מועד לדבר אתו, מיד וישמע את הקול מדבר אליו.

ספרי, וזאת הברכה ל"ד י' – ולא קם נביא בישראל כמשה, אבל באומות קם. ואיזה, זה בלעם בן בעור. אלא יש הפרש בין נבואתו של משה לנבואתו של בלעם, משה לא היה יודע מי מדבר עמו, ובלעם היה יודע מי מדבר עמו, שנאמר נאם שומע אמרי א"ל ויודע דעת עליון. משה לא היה יודע מי מדבר עמו עד שנדבר עמו, ובלעם היה יודע אימתי היה מדבר, שנאמר ויודע דעת עליון. משה לא היה מדבר עמו עד שהוא עומד, שנאמר ואתה פה עמוד עמדי, ובלעם היה מדבר עמו כשהוא נופל, שנאמר מחזה ש[ד]"י יחזה נופל וגלוי עינים.

173

שער הגלגולים, הקדמה כ"ט – והנה הבל היו בו נפש ורוח מקולקלים ומעורבים רע בטוב, אבל הנשמה היתה טובה לגמרי. והנה כאשר נתגלגלה כדי להתקן, הנה התחלה הנפש להתגלגל בסדר הנזכר, ונתנה לשת בנו של אדם הראשון, ואז נסתלק ממנה הרע שבה, **ונתנה בבלעם הרשע.** והנה ב' בחינות אלו הטוב והרע של הנפש, שהיו כלולים בהבל, נרמזו בשמו. כי הטוב שבה, היא ה' של הבל, וזו נתנה לשת כנזכר, וזה סוד כל שת"ה תחת רגליו, אותיות שת"ה הם שת ה', וכבר ידעת כי מזמור זה נאמר על משה, שעליו נאמר ותחסרהו מעט מאלהים והנה הוא שת עצמו כמו שיתבאר. והרע שבנבפש הבל, הם שתי אותיות ב"ל, וזה סוד ומשפטים בל ידעום, כי שתי אותיות מורים על הקליפות, ואלו שתי אותיות נתנו אל בלעם, ב"ל מן בלעם. וכבר הודעתיך, כי אפילו בחינת הרע, כאשר מצטרפת ונבררת מתוך הטוב, בהכרח הוא שיהיה בה קצת ערוב נצוצי קדושה, וזה סוד בלעם, שהיה נביא מכח הנצוצות האלו. גם זה סוד שאמרו רז"ל שהיה שקול כמשה, וזה להיותם מבחינה אחת, כי גם משה היה מן שת מהטוב שבו, כמו שיתבאר. ולכן נתגלגל הטוב המועט שהיה בבלעם, ונתן בנבל הכרמלי, ושם התחיל להתקן. ולפי שבלעם אין כחו אלא בפיו בלשון הרע ובקללות, לכן כשהרגו פנחס, נתגלגל באבן דומם, לתקן לשון הרע שהיה בפיו, שהוא הפך הדומם. וכמו שנתבאר אצלינו גלגולי אדם בדצח"ם. וכאשר נבל אחז דרכו, ופגם יותר בלשון הרע שאמר על דוד המלך ע"ה, באומרו מי בן ישי וכו', ואדרבה חזר וקלקל את אשר עותו מתחלה, ולא די שלא תקן, אלא שקלקל, לכן כתיב בו ויהי לאבן, כי מזלייהו חזי, מה שנתגלגל תחלה והיה לאבן דומם כנזכר, וראה שקלקל יותר, ואז וימת לבו בקרבו והרי נתבאר, כי נפש הטוב דהבל, נתנה לשת ושם נתקנה לגמרי. ונפש הרע דהבל, אשר עדיין היו בה קצת נצוצי קדושה, נתגלגלה בבלעם, ואחר כך יש בו בנבל אותיות ב"ל מבלעם והבל. ואחר שנתקנה הנפש לגמרי, אז כבר יכול הרוח להתקן, ואמנם נודע, כי הרוח בא מחמש קצוות, חג"ת נה"י, אבל כללותו הוא

כאשר[174] משה רבינו ע"ה לקח את אות **ה'** דהבל, ובלעם הרשע את האותיות **ב"ל** דהבל, לכן[175] היה כחו של בלעם בפיו, ורצה לקלל את ישראל, ויצא מברך. כך שאת הטוב שבהבל לקח משה, והוא הדעת דקדושה, והרע לקח בלעם, והוא הדעת דקליפה, **לפי**[176] **שֶׁמּשֶׁה**[177] רבינו ע"ה היה מ**בְּחִינַת**[178] **דַּעַת עֶלְיוֹן ד**ז"א שנתלבש[179]

שלשה קוים, ימין, ושמאל, ואמצע. ואמנם הרוח הזה, נתגלגל בנה הצדיק, והוא בחינת התפשטות הו"ק של התפארת. ואחר כך כשהוליד שלשה בנים, אז הרוח הכולל שלשה קוים כנזכר, נתגלגל בשלשתם, והם, יפת, כנגד חסד. חם, כנגד גבורה. שם, כנגד תפארת. וזו הבחינת של התפארת שבשם, היא בחינת ספירת תפארת בעצמה, אשר גם יש בה כללות כל הו"ק. ואמנם הרוח הזה לא נתקן, ולא הוברר הרע שבו לגמרי, כמו שנתקנה הנפש בשת כנזכר, ולכן כיון שעדיין נשאר מעורב מטוב ורע, לכן מן חם בן נח יצא טבי עבדו של רבן גמליאל, ולכן נקרא טבי, על שם שהוא מבחינת הטוב שהיתה עדיין מעורבת ברע, ועתה נתנה בטבי. אחר כך נתגלגל הנשמה במשה רבינו ע"ה, ולפי שמעולם לא נתערב בה שום קליפה דרע כנז"ל, והיה טוב בלי רע, לכן נאמר בו ותרא אותו כי טוב הוא, לאפוקי הנפש והרוח שהיו מעורבים מטוב ורע כנזכר. ואמנם כבר הודעתיך, כי הגם שכל זמן שאין הנפש נתקנה לגמרי, אין הרוח בא עד שתתקן הנפש, וכן אין הנשמה באה עד שיתוקן הרוח, האמנם אחר שכבר נתקן הרוח, יכולה הנפש שכבר נתקנה בתחלה, לבא עתה להתחבר עם הרוח הנתקן. ולכן אחר שנתקנה הנשמה, יכולים הנפש והרוח שכבר נתקנו בתחלה, לבא עתה להתחבר עם הנשמה הנתקנת. והנה משה שהנשמה שלו היתה נתקנת, יכלו לבא בו גם הנפש והרוח שכבר נתקנו כנזכר, ולכן כל הבחינות של גלגולי הנפש והרוח במשה נרמזו באופן זה, כי הנה ש' של שת היא במשה, ושתי אותיות ש"מ כלם במשה, ו**ה'** של הבל היא במשה.

שער המצות, פרשת עקב דמ"א ע"א – ואמנם כשתאכל צריך לכוין כונה זו, והיא במה שהודעתיך כי כל הנבראים כולם בכל ארבע עולמות אבי"ע, **הם מבחינת שבעה מלאכים קדמאין, הנקראים מלכי אדום, הנקראים מאנין תבירין.** והנה כשמתו ונשברו, אז נתקלקלו ארבעה בחינות שהיו במלכים הנזכרים, שהם דצח"ם. וכאשר נתקנו המלכים מנהון התבסמו ומנהון לא אתבסמו. **ולכן אנו צריכים לברר, וללבן, ולצרף, את האוכל הטוב אשר מעורב בתוך הפסולת הרע, כדוגמת מה שעשה המאציל יתברך.** וזה סוד אכילה עליונה, כי היא בחינת בירור אוכל מתוך הפסולת, והפסולת נדחה למטה בקליפות. וכן אנו על ידי מה שאנו אוכלים הצומח, והדומם, והחי, אנו מבררים האוכל מתוך הפסולת, וחוזר אברי אדם ממש. אבל הפסולת נדחה ויוצא למטה, בסוד היציאה ודחיית המותרות.
174

תרשים ד – י"ג.
175

שער הפסוקים, פרשת בלק, וירא בלק בן צפור את כל אשר וגו' – ובזה תבין, איך בלק היה קוסם, ובלעם הוא נחש, כנזכר בזוהר והטעם הוא, **כי הנחש אין כחו אלא בפיו, וכן בלעם שעיקרו מן הבל כנזכר לעיל, והוא הבל הרע, היוצא מן הפה.** אבל בלק עיקרו מן קין, שהוא מאימא, שהוא בחינת מעשה, כמו שידעת בענין ל"ב אלהי"ם דבראשית, דאבא אומר ואימא עושה. והקסם הוא ביד, וכמו שאמר הכתוב - וקסמים בידם, כי בלק היה יותר בקי בהם מבלעם.
176

איפה שלימה, שער הנקודים פ"ד ד"ח ע"ב)ז(– לפי שמשה רבינו ע"ה הוא בחינת דעת עליון דאבא שבז"א וכו'. כמו שכתב רז"ל בשער הלקוטים על פסוק - וירא הוי"ה כי סר לראות, כי תחלה זכה משה לדעת תחתון, ואחר כך על ידי מעשיו זכה גם לדעת עליון, יעו"ש.
177

בית לחם יהודה ש"ח פ"ד דכ"ה ע"ג – לפי שמשה בחינת דעת עליון ואבא שבז"א. מבואר היטב בפרק ב' דשער כ"ה כלל י"ד, וי"ז, וי"ח, ובדברינו דהתם.
178

ע"ח ח"ב שכ"ה דרוש ב' מ"ק כלל י"ד ד"ז ע"ב – שים בהקדמה זאת עיניך שבדעת דז"א צריך שיהיה בו בחינת עשרה ספירות, והוא מתפשט בכל עשר ספירות דז"א, מכתר עד מלכות שבו, והם בחינת התפשטות החסדים בו, בסוד ירידה מהדעת ולמטה, ובסוד חזרה מהדעת ולמעלה לג"ר, ובתוך פרצוף זה של הדעת שמתחלק בכל עשר ספירות, מתלבשין בתוכו מוחין דנה"י דאבא, ומוחין דנה"י דאמא, שהם חו"ב שבו, וגם הם

כוללין כל עשר ספירות שבו, ועל דרך זה הכתר שבו, כולל כל העשר כולם זה תוך זה, וזה תוך זה. ובזה תבין טעם חזרת חסדים למעלה, לתת דעת בכח"ב, וזה הדבר קשה שנראה ללא צורך, כיון שיש שם אורות יותר גדולים ומעילים, אבל הם פרצופים זה תוך זה, ומלובשים זה תוך זה. וטעם החזרה הוא שהם סתומים ומלובשים ביסוד תבונה, וצריך שיצאו לגמרי מתוכה, ולחזור בסוד אור חוזר אל הג"ר, ולכן לא יכלו לכנוס דרך ירידה, כי נצח הוד שאו"א הם חו"ב שבו, שמזווגם יצא הדעת)למטה מהם(, וחוזר ומתפשט מלמטה למעלה בג"ר, אלא שהוא בסוד לבוש אליהם בחוץ. וגם בזה תבין איך יוצא לבושם עמהם כדי שבו יתלבש הדעת, ואינו יסוד עצמו עצמו דתבונה. ונמצא שהדעת של המוח נשאר בפנים, בסוד דעת דחו"ב, ועוד דעת אחר נעשה לו לבוש מבחוץ, בסוד דעת האמיתי החיצון, כי הפנימי נחלק לב' דעות, דעת אחד המכריע בין חו"ב דאבא, והכל בבחינת חיה, ודעת השני המכריע בין חו"ב דאמא, והכל נקרא בחינת נשמה. ודעת השלישי אמיתי, המכריע בין חו"ב דדעת עצמו, הנקרא רוח, ואלו הם ג' בחינות חלקי הדעת, והבן מאד כי הב' דעות הם בפנים, זה בתוך זה, זה תוך נה"י דאבא, וזה תוך נה"י דאמא, והדעת שלישי מחוץ להם, ונעשה בסוד חזרת החסדים. וזה סוד ענין החסדים להגדיל הדעת, ופירוש הגדלה זאת הוא לעשות בו דעת לבחינת רוח מבחוץ. ועל דרך זה תפרש בשלשה אחרות שהם כח"ב, והבן זה.

ע"ח ח"ב שכ"ה דרוש ב' מ"ק כלל י"ז ד"ז ע"ד – חו"ב הם ב' כתפין לא"א, שהם קו ימין ושמאל, והם תרין עטרין כנודע, ובין ב' עטרין אלו סוד הדעת המזווגם גם כן, **ונמצא שיש למעלה חו"ב ודעת עליון, ולמטה מהם יש ב' עטרין ודעת תחתון.** ואמנם להיות שאלו ב' עטרין ודעת הם תחת מוחין העליונים, לכן שלשתן נקרא בשם דעת המכריע, על שם דעת המכריע בין חו"ב עלאין, מוחין העליונים, והבן זה. והנה החו"ב עלאין נקרא אחסנתא דאו"א, כי הם העליונים, וחב"ד תחתונים נקרא ב' עטרין דירית ז"א מאו"א, אך אינם אחסנתא דילהון. נמצא שעיקר מה שאני מזכירין בחינת ב' דעות, הם דעת עליון המכריע בין חו"ב, ודעת תחתון **ו'** המכריע בין ב' עטרין, ועליהם רמזו - כי אל דעות הוי"ה. והנה דעת עליון כנגדו נקרא **ל"א** נתכנו עלילות באלף, כי אינו מתפשט למטה, אך **לו** כתיב בו' נגד הדעת השני, שזה מתפשט בסוד עלילות משונות זה מזה, שהרי מתפשט בחג"ת נה"י, וכל בחינה מהם אינה דומה לחברתה. ונמצא שכל מה שאנו מזכירין תמיד שמתפשט הדעת בסוד חמשה חסדים וחמשה גבורות בגופא דז"א, ומשם יוצאין הגבורות לנוקבא דז"א לדעת שלה, אנו מדברים בזה הדעת התחתון המכריע בין ב' עטרין, ואך לא הב' עטרין עצמן, רק הדעת שלהם. וזה סוד יעקב, שנאמר בו יושב אהלים, כי יעקב נמשך מזה הדעת התחתון המתפשט אחר כך בגופא, ויש בו דין ורחמים, ב' אהלים, ב' אדרין משונים זה מזה. וזה סוד עם חסיד תתחסד עם עקש תתפתל. וזה סוד ויגד יעקב לרחל כי אחי אביה הוא, ואמרו רז"ל אחיו ברמאות, וכי בן רבקה הוא בתמימות. **אמנם משה זכה לדעת עליון**, וזה שכתוב בזוהר בראשית דתרווייהו בדעת אלא דא בגופא ודא בנשמה, כי זה בדעת המתפשט בגופא, וזה בדעת עליון שבראש, הנקרא נשמה לזה התחתון. והנה זה הדעת עליון מקורו נמשך מב' פנים דא"א שהם תיקון ז', **מי"ג** תקוני דיקנא, הנקרא ואמת, והוא כולל כל ששה תיקונים קדמאין, והוא שביעי להם וכולל כולם, לכן יש בו שבעה שמות ס"ג כנודע, והם גימטריא ואמ"ת. והנה משבעה שמות אלו מתפשטין שבעה מלואים בלבד, שהם ז' פעמים הבל, והם שבעה הבלים דקהלת, ולהיותן מס"ג נמשכין כולם עד אמא עילאה, ואחר כך הם נמשכין נגד פיה, וייוצאין משם בסוד ז' הבלים היוצאין מהפה כנזכר בסוד השופר. ועיין ביחוד חוטם ושרשם מתגלין בפה שלה. וזה סוד תורת אמת היתה בפיהו, כי תורת אמת הוא ז"א הנמשך מאמת, תיקון ז' דדיקנא, ונמשכה והיתה בפיהו דאמא, ואמר בפיהו ולא אמר בפיו, או בפיה, לרמז על מילוי דס"ג המתפשטים מתיקון ואמת, שהוא סוד ס"ג עצמו, כנזכר ביחוד של חוטם, וזהו בפיהו כי ה"י וי"ו במילוי גימטריא הבל, על שם שיוצאין ז' הבלים אלו מפיה, ומקיפים בסוד אור הבל המקיף אל השבעה תחתונות שלה עצמה כנזכר לעיל, ומאלו השבעה הבלים המקיפים לשבעה תחתונות שבה, נמשך סוד דעת עליון דז"א, ונכנס תוך יסוד תבונה, בין ב' מוחין דחו"ב, בתוך נצח הוד דתבונה, ומכריע ביניהן בסוד צלם דז"א. ונמצא שדעת זה נעשה משבעה הבלים, והם גימטריא ס"ר עם הכולל, ולהיות שמשה הוא מרכבה אל הדעת הנזכר לעיל, לכן נאמר בו - וירא הוי"ה כי ס"ר לראות, ועיין שם במקומו. והנה הדעת התחתון נמשך מב' כתפין דא"א שהם חו"ב, ונעשין בו חמשה חסדים וחמשה גבורות, המכריעין בין ב' עטרין דחו"ב, והם עשרה הוי"ת כמנין ס"ר, גם כן כמו העליון. והנה גם על זה רמז - וירא הוי"ה כי סר לראות, ואלו מתפשטים בגופא דז"א, החסדים בו,

ביסוד ד**אבא,** והתלבשו יחד בכלי הדעת **שׁ֝בֿוּ֝"א**[180] בזמן שז"א[181] מקבל את המוחין דיליה. **וְהִֿנֵה**[182] **זֹֿהו** **הָֿעִנְ֝יָן** הפסוק[183] **וְיֹוֹדֵֿעַ דֵֿעַֿת עֶֿלְיֹון הַֿנֶּֿאֱמָר בְּֿבִֿלְעָֿם** שידע חכמת בני קדם, והוא **שׁ֝בֿלעם יֵצָֿא** **מֵֿהַֿשִׂיֹגֿי דֵֿעַֿת זֹה, כְמבואר אצלֵֿינו** [דל"ח ע"ד 76] **בְּֿמָקֹום**[184] **אזור בָֿארִֿיכֿות.**

והגבורות בה כנודע. ודע שגם לפעמים אפשר להמשיך הגבורות שבדעת העליון גם כן בנוקבא, וזה זכה משה לעשות, כמו שנבאר במקומו בע"ה.
179

ע"ח ח"ב של"ב פ"א מ"ת דל"ד ע"ד – והנה כבר נתבאר לך ענין ב' מיני מוחין שיש אל ז"א, מן אבא ומן אמא, מתלבשין תוך נה"י דאבא, ותוך נה"י דאבא, ונה"י דאמא מלובשין תוך נה"י דאמא, ונה"י דאמא תוך ז"א עצמו. גם נתבאר אצלינו כי יסוד דאמא נשלם בחזה דז"א, לכן עד שם היו מוחין דאבא מכוסים תוך נה"י דאמא, ומשם ולמטה מתגלה יסוד אבא. ולסיבה זו יצאו שם חוץ לז"א ב' פרצופים, כי מיסוד אמא ר"ל מאורותיה הגולין שנתגלו מן החזה ולמטה יצאה רחל מאחוריו, שיעור מקום זה, ומלפניו יצא פרצוף יעקב, גם כן כשיעור מקום זה, אלא שהוא מן היסוד של אבא שנתגלה עתה מן החזה ולמטה, ומסתיים עד שיעור פי יסוד דז"א שוה בשוה. ואמנם יש שינוי אחד ביניהם, והוא כי רחל היא דבוקה עם ז"א אחור באחור ממש, בכותל אחד בין שניהן, עד שצריך נסירה, להפרידן ולהחזירן פנים בפנים, אבל יעקב אף על פי שעומד בפני ז"א מחציו ולמטה, אינו דבוק עמו ממש, ויש אויר פנוי ביניהם, כמו שנבאר לקמן בע"ה. וטעם הדבר בקיצור הוא לפי שרחל היא נוקבא עיקרית דז"א, והנה היא אספקלריא דלית בה)נהורא(מגרמה כלום כנודע, ואינה נתקנה אלא על ידי ז"א בעלה, ולולי שתחלה היתה עצם מעצמיו ובשר מבשרו, בתכלית הדיבוק וקישור, לא היה חושש אחר כך לתקנה, ולהאיר לה את כל הצורך. אבל ביעקב לא הוצרך ענין זה, דלא שייך ביה האי טעמא. ושורש ביאור ענין זה כי הנה אבא הוא עיקר הארתו הוא ליעקב, כמו שכתוב אצלינו על פסוק - ויקם עדות ביעקב, **כי היסוד דאבא אשר בתוכו הדעת של זעיר אנפין**, הנקרא עדות, הנה הוא ליעקב.
180

הגהות וביאורים)ז(– בשער הקדמות דף י"ט איתא זה הלשון, כי משה מבחינת הדעת העליון דז"א מצד אבא. ופירוש הענין עיין היטב בשער הכוונת דרושי עמידה פרק ב', במילת ואלה"י יעקב. שמן ששון.
181

שער הכוונות, דרושי העמידה, דרוש ב' – והנה אחר שעשינו זווג או"א באלו התיבות הנזכרים, מורידין אנו המוחין ברישא דז"א, וזהו אלה"י אברהם, אלה"י יצחק, ואלה"י יעקב, ויובן זה כמו שמבואר בדרושי המוחין דקטנות, דשם אלהי"ם, ענין סדר כניסת המוחין דז"א, ושם ביארנו כי נכנסים ג"ר דמוחין דמצד אימא הנקראים חב"ד, ואז תיכף נכנסים עמהם ביחד שלשה אחרונות נה"י דמוחין דמצד אבא. וזהו ביאור המלות הנזכרים, אלה"י אברהם הוא חכמה, הנקרא אלה"י אברהם, שהוא החסד, הנקרא אברהם. ואלה"י יצחק הוא הבינה, אלה"י הגבורה שנקרא יצחק. ואלה"י יעקב הוא הדעת, אלה"י התפארת הנקרא יעקב. ובתחילה תכוין איך הם ג"ר חב"ד מצד אימא, הנכנסים בז"א, והם הרמוזות באלה"י אברהם כו' כנזכר..... והטעם הוא כי הנה ביארנו בפסוק כי א"ל דעות הוי"ה, כי שני דעות הם בז"א, אחד מצד אבא, ואחד מצד אימא, עוד יש פירוש אחר והוא כי גם במוחין דמצד אבא לבדם, או במוחין דמצד אימא לבדם, יש בכל בחינת מהם ב' דעות, במה שהודעתיך כי הדעת דז"א הוא נמשך מן החסדים ומן הגבורות המתפשטים בו"ק גופא דאבא או דאימא, כמבואר אצלינו בדרושי ד' נכנסו לפרדס, ובדרוש חטא אדה"ר, והרי זה ענין דעת אחד. עוד יש בז"א דעת שני, יותר עליון מזה, והוא נמשך ממוח הדעת עצמו העליון דאבא או דאימא, המכריע בין מוחין דחו"ב, דכל חד מניהו ברישא דילהון, וזה הדעת הוא גם כן בז"א למעלה ברישא דיליה, מכריע בין חו"ב דיליה, **וזה הדעת העליון דז"א עליון ונעלם מאד,** כי הוא מכריע ומזוג בין חו"ב שבו, וזה הדעת העליון עליו נאמר - ונהר יוצא מעדן כו'. ולא אתגליא ואיהו טמיר תדיר גו בינה דז"א, ואינו ניכר כי שם תדיר עומד נעלם, בסוד הזווג התדירי, ובזה יובן טעם למה לא נזכר הדעת בכלל הג"ר שבו. וכן בזוהר לא נזכר בחינת זה הדעת העליון לטעם הנזכר, רק אותו הדעת התחתון אשר בו, ולכן אותו הדעת התחתון השני הנכנס במספר מן התפשטות החו"ג שבו"ק דאו"א כנזכר. הוא הנקרא באדרא בשם תרין עיטרין, כמבואר אצלינו שהם בחינות ב' כתפין דאריך, אשר אינם נחשבים מכלל או"א, כי אינם בתוכם, רק גנוזים בסוד פקדון. האמנם

המלך[185] השני שמלך באדום הוא **יובב** בן זרח, ו**הוא** כנגד ספירת ה**חסד**[186] דנקודים, היא שניה לספירת הדעת, ו**זהו** ששמו **בן זרח** והוא **לשון זריזה** של האור, בסוד[187] הפסוק זרח בחושך אור לישרים, **כי** האור בכל מקום **הוא בבזינת חסד, הנקרא אור כנודע** המתפשט בלי קצבה, מה שלא מצינו

הדעת העליון דז"א הנמשך ממוח הדעת עצמו דאו"א, אינו נחשב בחשבון לפי שהוא נעלם מאד, ומכריע בין חו"ב דז"א כנזכר, **וזכור היטב ענין ב' דעות אלו שבז"א.**
182

שער מאמרי רשב"י דמ"ב ע"ג – המלך הראשון בלע בן בעור, והוא סוד הדעת, ולכן משה רבינו ע"ה היה מבחינת הדעת של הקדושה. וכנגדו היה בלעם בן בעור בדעת הקליפה, וזהו מה שאמרו רז"ל - ולא קם נביא עוד בישראל כמשה אבל באומות העולם קם, ומנו בלעם, וזה שכתוב - בלעם נאום שומע כו', ויודע דעת עליון, גם זהו סוד מן ארם ינחני בלק מלך מואב מהררי קדם, כי הררי קדם אלו הם בחינת אלו המלכים הנקראים חכמת כל בני קדם, יען קדמו למלכי ישראל, ולהיות מלך הזה בסוד הדעת, שהוא מכריע כנודע.
183

במדבר כ"ד ט"ז – נאם שמע אמרי א' וידע דעת עליון מחזה שד"י יחזה נפל וגלוי עינים.
184

ספר הליקוטים, פרשת וישלח דק"א ע"ב – והנה המלך הראשון הוא סוד הדעת שאחרי הבינה, שיצא כנגדו בלעם בן בעור, שנאמר בו ישראל לא קם אבל באומות העולם קם, ומנו בלעם. פירוש, כי כמו שמשה רבינו ע"ה הוא מסוד הדעת של הקדושה, **כך הוא בלעם בסיטרא אחרא, בסוד הדינין דתקיפין.** ולכן היה משתבח בעצמו ואמר שיודע דעת עליון, כי הוא הדעת, הקודם לדעת שבקדושה אשר בז"א, ולכן קראו דעת עליון. וכמו שממוחא תליתאה דז"א, שהוא הדעת שבו, והוא חללא תליתאה דגלגלתא, נפקין אלף אלפין אדרין ואכסדראין, דדעתא שריא עלייהו ודרי בהו, כך בדעת זה, אשר בסוד הדינין שהוא בלע בן בעור כתנור, ומצד תוקף הדינין, כי משם נתפשט, בגוייה מתקטרין אלף אלפין מארי דיבבא ויללה, כנזכר בזוהר. ולפי שהדעת שבקדושה נכנס תוך הגוף, ומליא לאדרין ואכסדראין, קראו לדעת זה בלע, כי נבלע תוך הגוף, ובין שני החללים העליונים. ונקרא בן בעור, הבערה גדולה והיום בוער כתנור, ומצד תוקף הדינין, כי משם נתפשט בלע זה נתקן קצת, ונעשה מבלע בעל חנן, וניתנה לו אז החנינה בסוד חנן, ואביו ניתוסף בו כ"ף.
185

כרם שלמה ש"ח פ"ד אות ז' – מה שכתב יובב הוא חסד וכו', כי הואיל וספירת החסד הוא ספירה שניה לדעת, לכן נרמוז שם ספירת החסד במלך השני, הנקרא יובב בן זרח, והוא מפני שכתוב בן זרח, **וזרח** לשון זריחת אור, כדכתיב - זרח בחושך אור לישרים, והאור נקרא על שם החסד יותר משאר הספירות, כי מידת **החסד** מתפשטת בלי קצבה וגבול, כמו האור שהוא זורח בלי קצבה וגבול, מה שאין כן שאר הספירות הם מתפשטים על ידי מידה וגבול. כמו דרך משל ה**גבורה**, אינה מתפשטת אלא כפי המידה והקצבה, עד מדרגה שעל ידו יתגבר. וכן ספירת ה**תפארת**, האור שלה מתפשט כפי שעור המדרגה הנקרא תפארת, ולא יותר, מלשון ותפארת לעושיה. וכן מידת ה**נצח**, מתפשט עד מדרגה אשר תנצח. וכן ספירת ה**הוד**, עד מדרגה העושה הוד וכבוד. וכן ספירת ה**יסוד**, עד מדרגה העושה כללות המידות הקודמין אליה. וכן ה**מלכות**, מתפשטת עד מדרגה העושה מלכות וממשלה. אבל החסד היא מתפשטת כמו התפשטות של מילת הזריחה של אור, שהיא מתפשטת כפי הראות של העין בלי קצבה, כך אור החסד מתפשט בלי קצבה, ולכן נקרא אור, ולא ספירת החסד.
186

הגהות וביאורים)ח(– הנה בספר הליקוטים פרשת וישלח, אמר הרב זללה"ה כי יובב הוא גבורה, ואמר שם כי לפי שיצאו המלכים בסוד הדין, לפיכך קדמה הגבורה לחסד, וכן הוא גם כן בזהר הקדוש דף קנ"א ע"ב. וכן הוא על דרך זה גם כן בשער הכוונות בספירת העומר, ריש דרוש ז', ובראש השנה דף פ"ט ע"ד. וכן הוא גם כן בעמק המלך שער עולם התהו פרק מ"ח. וכן הכריע הגר"א זללה"ה בספירא דצניעותא בדף ד' ע"א, והדף י"ד ע"ד, עיין שם. הרב שב"ח.
187

תהילים קי"ב ד' – זרח בחשך אור לישרים חנון ורחום וצדיק.

בשאר הספירות♦ הרב ז"ל רמז[188] במלך השני, שהוא יובב בן זרח על החסד, אבל לא רמז כאן על חמשה חסדים, אבל במלך השלישי שהוא חשם, הרב ז"ל רומז בו על גילוי חמשה גבורות, וזאת כי בזמן מקרה המלכים לא היה כמעט גילוי החסדים, רק דין וגבורה, דהיינו שהמלכים עצמם הם מלכיות דב"ן דא"ק, ומלכות היא בחינת דין בכל מקום בסוד[189] דינא דמלכותא דינא, ורק[190] בזמן התיקון החסד יתחבר לדין.

המלך השלישי הוא **חשם** מארץ התמני, ולא נזכר שם אביו, רק שם שם מקומו, **הוא** בחינת ספירת ה**גבורה** דנקודים, **כי הוא סוד חמשה גבורות**, וצרוף **אותיות חשם הוא חמש, וסופי**[191] **תיבות** של **חשם מארץ התמני** הוא **מי"ץ**, **וראשי תיבות** של חשם מארץ התמני **חמ"ה**, **והם סוד הפסוק**[192] **כי מיץ חלב יוצא חמאה**, כי[193] **חמה וחמאה הם אותיות שוין** והוא[194] כי בספר איוב נכתב חמאה חסר האות א', ולכן התיבות חמה וחמאה הם אותם אותיות, **והם בחינת הגבורות, שהם דם**, והגבורות[195] האלו שהם הדם, מתמתקים **ונהפכים בבטן**

188

כרם שלמה ש"ח פ"ד אות ז' – ומה שסמך החמשה גבורות על ספירת הגבורה, ולא על ספירת החסד, כי הרי נודע כי החסדים והגבורות הם חמשה חמשה. ומפני שאלו המלכים יצאו בתחילה בסוד הגבורות, ולא בסוד החסד, ולכן נשברו ולא נתקימו, כמו שמבואר באדרא במקומות רבים, כי סיבת שיבירתם היתה לסיבת היותם גבורות ודינים.

189

בבא קמא דקי"ג ע"א – ומוכסין, והאמר שמואל **דינא דמלכותא דינא**, אמר רב חנינא בר כהנא אמר שמואל במוכס שאין לו קצבה.

190

בראשית א' א' – בראשית ברא אלהי"ם את השמים ואת הארץ. **מפרש רש"י** – ברא אלהי"ם, ולא אמר ברא הוי"ה, **שבתחילה עלה במחשבה לבראתו במידת הדין, ראה שאין העולם מתקיים, הקדים מידת רחמים ושתפה למדת הדין**, היינו דכתיב ביום עשות הוי"ה אלהי"ם ארץ ושמים.

191

כרם שלמה ש"ח פ"ד אות ז' – ומה שכתב וסופי תיבות חשם מארץ התמני מי"ץ, וראשי תיבות חמ"ה, מפני שרוצה הוא לומר שסוף אלו הגבורות להתבשם, כמו שהדם שהוא דינים, וסופו נהפך לחלב ומניק לולד. ולכן ה**מיץ** נרמזה **בהסופי תיבות**, כי סופו להתברר ויעשה חמאה ולכן גם כן נכתבה **בהראשי תיבות** חמה מפני שזאת החמאה היא ראשיתה היתה חמה, מלשון **חימה**, ועל ידי התיקון נתבסם ונעשה חמאה.

192

משלי ל' ל"ג – כי מיץ חלב יוציא חמאה ומיץ אף יוציא דם ומיץ אפים יוציא ריב.

193

בית לחם יהודה ש"ח פ"ד דכ"ה ע"ג – כי חמה וחמאה הם אותיות שוים. וכן מצינו חמאה חסר א' באיוב סימן כ"ט, ברחוץ הליכי בחמה.

194

איוב כ"ט ו' – ברחץ הליכי בחמה וצור יצוק עמדי פלגי שמן. **ומפרש רש"י** "בחמה" כמו בחמאה.

195

ע"ח שט"ז פ"ה מ"ב דפ"א ע"ב – לכן סוד אותה הארה העצומה היוצאת ובקעה לחוץ והאירה דרך שם בחזה דאו"א, לכן יש דדים בזכר ונקבה, רק שאותן של זכר הם קטנים ואין בו חלב, ושל אשה גדולות ויש להם חלב. והטעם כי בהיות ז"א תוך חזה אבא, לא היה כי אם מציאת טפה קטנה, אך בהיותו בחזה אמא, שם מתגדל בסוד העיבור, עד שנעשה ו' כלול בתוך ג', לכן גם דדי האמא נתגדלו מרוב אור, ונעשין בהן חלב. **ועתה תבין כי הלא סוד החלב הוא סוד עילוי הדם למעלה ומתהפך לחלב ומתמתק**, וכן נה"י לעולם למטה הם דם סוד הדינין, כי לכן הם בכל מקום לבר מגופא כנזכר לעיל, ובעלותן למעלה בהתכללותן למעלה בחג"ת, **אז**

הם מתהפכין לחלב. ואחר כך יצא ז"א לחוץ דמיון תינוק היונק, ומרוב אותו חלב נתגדל ונעשה ו' גדולה בו"ק לבד, שהוא ו' דשמא קדישא, אך בתוך בינה היה סוד ו' זעירא כלול מג' תוך ה' דבינה, אמא עלאה, ולכן אין שום דמות ראש לזו הו'.

ע"ח ש"כ פ"ג מ"ת דצ"ו ע"ד – דע כי הנה הפסוק אמר בילדכן את העבריות וראיתן על האבנים, ואמרו רז"ל כי האבנים הם הירכיים של אשה, שכאשר יולדת מצטננות ומתקשות כאבנים, ולכן נקרא אבנים. ולהבין זה נבאר תחלה מה ענין הלידה, ומי גרם אותה, והענין הוא כי יש אורות רבות שם בבטן אמא עילאה על ידי העיבור כנזכר לעיל, וזהו גורם שהולד שהוא ז"א, רוצה לצאת ולהולד, ולהיות פי רחמה צר וסתום, אי אפשר אל הולד לצאת מתוכה. לכן כאשר בא זמן הלידה שנגמר זמן העיבור, וכבר נתקן ונצטייר העובר, אז בחינת האורות והרוחניות שיש בנה"י דאמא מסתלקין משם ועולין למעלה בגוף אמא עצמה, במקום שהעובר עומד שם בבחינת עיבור, ואז מתרבים שם האורות, כי הנה יש שם אור של התפארת עצמו דאמא, והאורות של מחצית גוף התחתון שלה דנ"ל כנזכר לעיל, וכל האורות דזו"ן אשר עומדין שם בסוד העיבור. ואין הבטן שלה יוכל לסבול כל רבוי אורות ההם, ואז האורות של בחינת אמא עצמה שהם בעל הבית, הם דוחקין את האורות של זו"ן שאינם שלה, שהוא אורח, ומוציאין אתה לחוץ דרך פי היסוד שלה, ונבקע ונפתח רחמה, ויוצא הולד לחוץ. ונמצא כי עליות והסתלקות אורות דנה"י דאמא מלמטה למעלה כנזכר לעיל, הוא לשתי תועליות, אחד לצורך הלידה כנזכרת לעיל, כי על ידי עלייתן מתרבים שם האורות, ודוחקין את העובר, ומוציאין אותו לחוץ. והשני הוא לצורך המוחין דז"א, כמבואר אצלינו שאינן נכנסים בז"א אלא אחר היותן מלובשים בנה"י דאמא, ולכן הוצרכו להתרוקן מן האורות שלהם, כדי שיתלבשו במקומם אורות המוחין דז"א, כי ב' בחינות האורות שלה ושל ז"א אי אפשר להיות שם ביחד. והנה כאשר עולין ומסתלקין אורות הנה"י דאמא, הם עולין ועומדין בחצי תפארת התחתון דאמא עצמה, שהרי שם הוא מעמד ז"א בסוד העיבור, ודוחקין אותו לחוץ, ואם כן נמצא שהם עומדין תחת המקום החזה דאמא, ששם עומדין **ב' דדים של האשה,** והרי הם עושין תועלת שלישית בעלייתן למעלה, כי אז נתוסף הארה גדולה, ובולטין אותן האורות לחוץ, ונעשים במקום הזה כעין ב' דדים, **ונבקעים ומהם יוצא החלב להניק הולד אחר הלידה,** וזהו סבה וטעם למה אין באיש בחינת ב' דדים בולטות כמו באשה. והנה זה נרגש בחוש הראות שתכף אחר הלידה זב החלב ויוצא דרך הדדים, מה שאין כן בתחלה. **והנה נודע כי הנה החלב הוא דם מתחלה, שהיה למטה ברחם שלה ועלה למעלה, משם עד מקום הדדין, ונהפך לחלב, כי על ידי עליית האורות הנזכרים לעיל, שם למעלה גורם שיתהפך לחלב.**

שער הכוונות, דרושי הפסח, דרוש א' – ונמצא כי העשר שמות דאהי"ה שביסוד דאימא המתלבשים בדעת דז"א, הם בסוד האחורים שלהם, אשר בהתלבשם בז"א נעשים שם בבחינת פנים, והם עשר פעמים דם, ואלו הם סוד עשר דמים שבאשה, חמש דם טוהר, וחמש דם טמא, כנזכר בתלמוד במסכת נדה, ובספר הזוהר רעיא מהימנא פרשת תזריע. והענין הוא, כי אלו החמשה חסדים והחמשה גבורות שבדעת ז"א, הנה החמשה חסדים עם חמשה לבושים שלהם יורדין ביסוד דז"א, והחמשה גבורות עם חמשה לבושים שלהם יורדין ביסוד הנקבה. ואחר כך בעת הזווג, נותן הז"א מן היסוד שבו אל היסוד דנוקבא גם את החמשה חסדים עם חמשה לבושיהם, ונמצאו ביסוד הנקבה כל עשרה הלבושים, שהם עשר פעמים ד"ם כנזכר לעיל. ואחר כך מן החסדים ומן הגבורות עצמן נוצר מהם הולד בבטן הנקבה, אבל העשרה לבושים שהם עשר דמים, הנה מתבררים בבטנה, וחציים שהם חמש חמש דמים לבושי החסד נקראים דם טוהר. כי בערך היותם אחוריים נקרא דם, לסיבה הנזכרת, ובבחינת היותם לבושי החסדים נקרא טוהר. **ואמנם לפעמים מתבררים לגמרי ומתהפכים לחלב, להניק בהם את הולד הנולד כנודע,** ואז הוא **בחינת בירורם וזיכוכם,** אבל יש בהם קצת פסולת הנעשה דם טוהר. אמנם חמשה לבושי הגבורות הם מתבררים, והפסולת היוצא מהם אחר שמתבררים נעשה קליפה גמורה, הנקרא דם טמא. ונמצא כי הם עצמם הלבושים בין של החסדים בין של הגבורות, הם מתבררים, ועצמותם הוא קדושה, אבל הנשאר מהם בבחינת פסולת אחר התבררם נחלק לב' חלקים, כי פסולת לבושי החסד נעשה דם טוהר, **שהוא בחינת דין קשה וקדוש, ולפעמים נעשה חלב כנזכר,** ופסולת לבושי הגבורות הם קליפות גמורות, דם טמא.

המלאה דאימא[196] **לחלב** בזמן הלידה, כאשר אימא מניקה את הולד, **ומן**[197] **אותו ה**חלב הנקרא **מיץ,** **נעשה זוהמא להאכיל התינוק** כאשר הוא מוצץ מדדי אימא.

כל המוקף בסוגרים הוא לא מספר ע"ח, כמו שמעיר על זה הגוב"י, ולא נמצא זה בספרי ע"ח הישנים, וכנראה זאת הגהה לאחד מן החכמים, שהוכנסה לדפוס ע"ח שבשנת עת"ר. ובספר אוצרות חיים שדרוש זה משם הגירסה היא - **והדד בן בדד הוא התפארת.** [198]**(**ידוע[199] הוא כי פרצופי או"א מתחלקים לארבעה פרצופין, כאשר[200] ישסו"ת שם המלכויות דאו"א מלבישין את או"א מהחזה ולמטה, והפרצופין המגולים של או"א נקראים או"א עילאין, וישסו"ת או"א תתאין, ובמקום החזה דאו"א שהוא התפארת, נמצא היסוד דאו"א עילאין. והמלך הרביעי הוא **הדד בן בדד הוא התפארת** ונזכר שמו ושם אביו, **ונקרא כן** לא גורסים **כמה** אלא צריך לגרוס **כמו שנודע כי לפעמים**[201] בזמן[202] נתינת מוחין לזו"נ **אבא וישראל סבא נעשים זוד פרצוף, וכן בבינה ותבונה** נעשים זוד **פרצוף. וזה**[203] מה שהיה תזכלה מקום היסוד

196

כרם שלמה ש"ח פ"ד אות ז' – ומה שכתב בבטן המלאה, היא הבינה, שהיא מניקה לבנים, והואיל והעיבור היה קודם לכן בבטן הבינה, לכן בהבינה נקרא בטן המלאה, ופשוט.
197

שער ההקדמות, דרוש שבעה מלכים ד"כ ע"א – וחושם הוא גבורה, שהם סוד חמש גבורות, ולכן חשם אותיות חמש. והנה ראשי תיבות חשם מארץ התמני, ראשי תיבות חמ"ה, וסופי תיבות מי"ץ, וזהו סוד פסוק כי מיץ חלב יוציא חמאה, והם בחינת הגבורות, **שהם ענין הדם המתהפך לחלב וחמאה בדדי האשה, להניק את הוולד בהיותו מוצץ אותם.**
198

הגהות וביאורים)ט(– כל כמוקף הוא בע"ח כתב יד הנזכר לעיל הוא הגה"ה, ואינה מן הספר.
199

תרשים ד – י"ד.
200

תרשים ד – ט"ו.
201

כרם שלמה ש"ח פ"ד אות ח' – ומה שכתב לפעמים, שהוא בזמן נתינת המוחין לז"א ונוקביה, אז צריך שיכללו, כי אבא וישראל סבא נעשים פרצוף אחד.
202

ע"ח שי"ז פ"ב מ"ת דפ"ד ע"ב – ונחזור לענין כי הנה מכח עליית כל האורות הנזכרים לעיל, וכללותן למעלה, וכן מכח עליית ב' פרקין האמצעיים דנצח הוד דעתיק למעלה בשתי פרקין קדמאין, נוסף שם אור גדול ועצום, ואין בו כח ביסוד דעתיק לסבלו, כי הוא צר מאד, ואז נבקע ונסדק מלמעלה למטה לארכו, ויצא האור לחוץ, **ואז חכמה וישראל סבא העומדין בימין מתחברים ונעשו פרצוף אחד בלבד, וכן אמא ותבונה שבצד שמאל נעשו פרצוף אחד לבד.** כי עתה אורות היסוד שוין בענין גילוי בהשוואה אחת, ואין עתה כסוי וגלוי הגורם חילוק פרצופים. **ועתה אין שם רק ב' פרצופים לבד, אחד מאבא ואחד מאמא,** ושיעורם למעלה מן הגרון עד למטה בטבורא דא"א. **וזכור הקדמה זו** כי בכל פעם שרוצין או"א להזדווג **לצורך מוחין לז"א,** נעשה הכל פרצוף אחד לבד לאבא וישראל סבא, ופרצוף אחד לבד לבינה ותבונה. **וזכור זה** לכל המקומות שתצטרך להקדמה זו.
203

כרם שלמה ש"ח פ"ד אות ח' – ומה שכתב, ומה שהיה תחילה מקום היסוד וכו', שר"ל כי נודע הוא שהיסוד הוא למטה מהחזה, והחזה הוא למעלה מן היסוד. וכשהיו ב' פרצופים בינה ותבונה, אז היה היסוד דבינה הוא במקום שהוא הנקרא עתה החזה של פרצוף הכללי, שהוא בעת שנכללו פרצוף הבינה והתבונה, ונעשו פרצוף

דבִינָה, הוא עַתה מקום הזזזה של בזזינת כל הַפּרצוּף דבינה ותבונה, והוא[204] כי בין הבינה לתבונה יש ב' בחינות של יסוד, וגם[205] מקום החתך, וג' בחינות אלו הם בחינות דיסודות של הבינה והתבונה,

---

אחד. ומה שכתב **הוא עתה** פירוש, בעת שנכללו, **מקום החזה של כל בחינת כל הפרצוף** פירוש, כל כללות הב' פרצופים שנכללו ונעשו פרצוף אחד דווקא.

204

ע"ח ש"ח פ"ב מ"ת דצ"ו ע"ב – ונחזור לענין ראשון, כי הנה נתבאר לעיל ג' בחינות יש בז"א או בנוקבא לתקן, והם אורות, ניצוצין, כלים, ונכנסו לתקן בסוד עיבור בג' המקומות שיש בפרצוף הכולל בינה ותבונה, **והם יסוד דבינה, ויסוד דתבונה, ומקום החתך שבין זו לזו**. וזה סוד שאמרו רז"ל בג' חדשים הראשונים הולד דר במדור התחתון, וג' אמצעיות במדור האמצעי, וג' אחרונים במדור העליון. הנה הם ג' מדורים הנ"ל. ויובן גם כן מה שכתוב בג' חדשים הראשונים תשמיש קשה לאשה ולולד, והשני קשה לאשה ויפה לולד, וג' אחרונים יפה לזה ולזה. כי בג' חדשים הראשונים בחינת התשמיש קשה לאשה ולולד, כי הזווג הוא למטה ביסוד התבונה, ולכן כיון שכבר היתה שם ביאה ראשונה לצורך העיבור, נמצא שכל הזוווגים שהיו שם מאז ואילך הם כמעט לבטלה, כי כבר הספיק לאשה ולולד הביאה הראשונה. וג' חדשים אמצעים אז הזווג במקום החתך, ואז הזווג הוא יפה לולד שהוא לצורך הניצוצין אשר שם, אבל לאשה עצמה קשה לפי שאין שם בחינת יסוד הראוי לביאה ולזווג. וג' חדשים אחרונים אשר הזווג ביסוד הבינה למעלה, אז יפה לולד, שהם בחינת אורות אשר שם, וגם יפה לאשה, אשר שם שהוא יסוד מקום הביאה, וזווג ואין לה צער. ודע כי אף על פי שאמרנו כי בג' האמצעית הזווג הוא במקום החתך, ובג' אחרונים הזווג הוא ביסוד הבינה, הענין הוא כי בכל בחינת השלישית של הולד עולין למעלה, אפילו בחינת הכלים, ממדור למדור, עד מדור העליון, ואחר כך בעת הלידה מתגלגל הולד כלול משלשתן, ויורד מלמעלה עד למטה, ואז הוא זמן הלידה.

205

ע"ח שי"ד פ"ב מ"ת ד'ע ע"ב – כי זווג א"א ואו"א לא פסיק, ובפרט מה שהוא צריך לחיות העולמות, ותמיד נמשכין חו"ג חדשים, אז חו"ג ראשונים שהם למעלה הם מקבלין הארה מן החדשים דרך מסך היסוד בסיתום גמור, והגבורות והחסדים אשר הם למטה מקבלין הארה מן החדשות בגילוי גמור. וסיבה זו הוא מה שגרומה אל התחלקות ד' פרצופין, להיות שינוי הבדל בין התחתונים אל עליונים, נמצא עתה כי או"א מתחילין להלביש את א"א מן הגרון שבו עד סיום היסוד דעתיק שבתוכו, שהוא עד סיום שליש עליון דתפארת דא"א, והוא עד החזה שלו, ואבא מלביש הימין, ואמא מלביש השמאל, ואחר כך באים ישראל סבא ותבונה, גם הם מלבישין את א"א מהמחזה הנזכר לעיל עד טבור של א"א, שהוא יותר למטה מעט מן חצי תפארת שלו, ישראל ססא בימין, ותבונה משמאל. ואלו הארבעה פרצופין הן מלבישין לא"א מן הגרון עד הטבור כנזכר לעיל, מכל צדדיו וסביבותיו ימין ושמאל, אחור ופנים. וכבר נודע מה שכתוב בענין לאה ורחל. בהיותן עומדין באחורי ז"א, שאז העקביים של לאה נכנסין תוך ראש רחל העומדת תחתיה. וכן הענין בכאן **שעקביים של רגלי הבינה, נכנסין תוך ראש תבונה**, מה שאין כן באבא וישראל סבא העומד תחתיו. וטעם הדבר הוא לפי שהגבורות יצאו תחלה מהיסוד ונתגלו, ואחר כך יצאו החסדים, ואז הוא הגילוי בשוה לכל הגבורות, ולכן נתקשרו הגבורות קשר אמיץ העליונים עם התחתונים, ולכן אף על פי שאחר כך נחלקו לב' פרצופים, נשאר ביניהן קשר אמיץ וחזק על ידי עקבים הנזכרים לעיל. אשר על ידם מתקשרים הבינה עם תבונה, וזהו מה שאמרו בגמרא - לא נצרכה אלא למקום החתך, והוא בחינת מקום ההפסק וההבדל והחיתוך שיש בין רגלי בינה אל ראש תבונה, כאשר נחתכו הגבורות להצאין כנזכר לעיל, ואותו אור שהיה במקום החתך הנזכר לעיל נכנס בסוד בחינת העקביים בתוך ראש תבונה, ובחינת אור הזה לקחה הבינה לחלקה יותר על חלק התבונה. והנה תבין עתה למה הבינה נקראת אשת חיל עטרת בעלה, והטעם הוא כי היא נעשית מבחינת גבורות, אשר הם מגולות כולם בגלוי יותר מן החסדים כנזכר לעיל, אבל אבא שהוא מן החסדים שאינם כל כך בגלוי, אמרו עליו בזוהר ועל דא אבא טמיר וגניז יתיר, והבן זה.

גמרא נידה דל"א ע"א – תנו רבנן שלשה חדשים הראשונים ולד דר במדור התחתון, אמצעיים ולד דר במדור האמצעי, אחרונים ולד דר במדור העליון, וכיון שהגיע זמנו לצאת מתהפך ויוצא, וזהו חבלי אשה. ......תנו רבנן שלשה חדשים הראשונים תשמיש קשה לאשה וגם קשה לולד, אמצעיים קשה לאשה ויפה לולד, אחרונים יפה לאשה ויפה לולד. שמתוך כך נמצא הולד מלובן ומזורז.

וְשָׁם במקום החזה דבינה, שהיה שם תחילה היסוד דבינה **נַעֲשׂוּ הַדָּדִים** דאימא. **וְזֶהוּ הֲדַד בֶּן
בְּדַד, בּ' פְּעָמִים דד, שֶׁהֵם**[206] **בַּחֲזֵה הַתִּפְאֶרֶת** דאימא, **וְכֵן אוֹתִיּוֹת** של תיבת **בְּדַד**
מתחלקות לב' דד. **וּבְמוֹת**[207] **זֶה הַמֶּלֶךְ** הדר בן בדד **צָמְקוּ דַּדֵּי הַבִּינָה** ר"ל שנפלו[208] האחוריים
דאימא וגם דאבא, **כְּדֶרֶךְ**[209] **הָאִשָּׁה** שהיא אימא עילאה **שֶׁדַּדֶּיהָ צוֹמְקִים בְּמוֹת הַיֶּלֶד
שֶׁלָּהּ.** שהוא הדד, **וְהִיא בְּחִינַת הַתְפַּשְׁטוּת הַחֲמִשָּׁה גְּבוּרוֹת בִּיסוֹד** של **אַבָּא
עִלָּאָה** שנפלו, **כַּנִּזְכָּר בְּפֶרֶק ו'** **שֶׁנָּפְלוּ**[210] דאו"א בשבירת השליש העליון של

206

כרם שלמה ש"ח פ"ד אות ח' – וידוע הוא כי החזה הוא שליש העליון של ספירת התפארת, ושם בהחזה הם
הדדים, ועל שם שהדדים שם, לכן נקרא ספירת התפארת הדד בן בדד, כי מה שכתוב ב' פעמים הדד בכתוב
רומזת על הב' דדים שהם בהתפארת, וכאלו כתיב בקרא תפארת, כי הואיל והדדים אינם נמצאים כי אם
בהתפארת, לכן נקרא התפארת על שם הדדים.

207

כרם שלמה ש"ח פ"ד אות ח' – ובמות זה הילד צמקו דדי הבינה, דהיינו נפלו האחוריים של התפארת שלה.
וזהו מה שפירש אחר כך ואמר **והיא בחינת התפשטות החמשה גבורות ביסוד אימא עילאה**, כנזכר בפרק
ו', ר"ל בפרק ו' דשער שלנו, וביותר בהרחבה בפרק א' דשער השבירה.

208

ע"ח ש"ט פ"א מ"ת ד"מ ע"א – כי הלא או"א היו מתחלה פנים בפנים, לפי שנעשה להם מוחין מהכתר
כנזכר לעיל, אמנם מ"ן שלהם הגורם להם העמדה וקיום הבחינה דפנים היו מציאת שבע מלכים אלו,
אשר היו במעי בינה, ואלו היו מ"ן דילה, כי כן הוא תמיד שהבנים הם מ"ן דאמא, ובעוד שאלו השבע מלכים
היו תוך הבינה, היו מעלין מ"ן, וגורמין זוג לאו"א, ונמשכו להם מוחין והוחזרו או"א פנים בפנים, ונזדווגו
יחד כדי להוציא שבעה מלכים אלו. ובעת צאת המלכים אלו אם מתו, אלא שהיו קיימים, היו מעמידין
לאו"א פנים בפנים אפילו שיצאו למטה, והיו מועילין למ"ן שלהם. אמנם יען שנשברו ומתו, לכן גם או"א
האחוריים שלהם המעמדת אותם פנים בפנים ירדו למטה, ואז חזרו להם אחור באחור, כי כבר אין להם מי
שיעלה להם מ"ן ומקיים חזרתן פנים בפנים. והנה פשוט הוא שלא נגמרו אחוריים דאו"א לירד עד כלות
שבירת שבעת כלים, שכל בחינת שבירת מלך אחד היה גורם קצת ירידת מאחוריים דאו"א, וזהו ביאור הענין.
הנה כאשר נעריך מציאות השבע מלכים אלו בארבע פרצופים של חו"ב ישראל סבא ותבונה כנזכר לעיל,
נמצא כי עד שליש ספירת תפארת שהוא המלך הרביעי, אז נגמרו לירד אחוריים דאו"א עלאין, וכאשר
נשברו כל השבעה מלכים, אז ירדו גם אחוריים דישראל סבא ותבונה.

209

שער ההקדמות, דרוש שבעה מלכים ד"כ ע"א – וענין הדד בן בדד טעמו הוא, כי הנה התפארת אשר בו
בחינת החזה שבו מקום ב' הדדים, ולכן נרמזה ב' פעמים דד, ואחד בשם אביו, וזהו הדד בן בדד. גם
בדד רו"ל ב' דד, פירוש שני דדים. וביאור הענין הוא, כי הנה נודע שלפעמים כל ד' פרצופין שיש באו"א
מתחברים לב', כי חכמה עם ישראל סבא נעשו פרצוף אחד, ובינה עם תבונה נעשו פרצוף אחד. ובהיותם על
דרך זה, נמצא בשליש העליון של התפארת דז"א הנקרא הדד בן בדד, שם עומדים מתלבשים ב' הדדים של
הבינה, ולכן נקרא התפארת בשם זה, להורות כי בזמן שמלך ומת המלך הזה, אז צמקו דדי האשה, שהם **אימא
עילאה** מלהניק, כדרך האשה שבמות בנה דדיה צומקים.

210

ע"ח ש"ט פ"ב מ"ת דמ"א ע"ב – ונחזור לענין ראשון, כי הנה כאשר עדיין לא מת שליש תפארת, עדיין
לא נגמר ירידת ונפילת אחורי דאבא ואמא לגמרי, וכאשר היו המלכים האלו נכנסים בכלי שלהם היו מגולין
באור גדול, **אבל אחר שמת שליש עליון דתפארת, אשר אז נפלו שם האחוריים דאו"א**, הנה כאשר יצאו
שם שאר האורות הנשארים כדי לכנוס בכלי שלהם, היו מלובשים באלו האחוריים שנפלו, ונשארו באצילות
כנזכר לעיל.

המלך הרביעי, ששם הם בחינת דדי האשה, **אז**[211] **אשר** בהתחלה **הם** היו בחינת **דם** וגבורות, ונמתקו **ונעשו חלב**, **ועתה** בשבירת המלך הרביעי **צמקו** ונתבטלו האחוריים דאו"א)•

והמלך[212] החמשי הוא **שמלה**[213] **ממשרקה** ולא נזכר שם אביו אלא מקומו בלבד, והוא בעצם פנימיות[214] ב' ספירות (לא[215] גורסים כאן **ובעל** **זנן בן עכבור** שהוא המלך השביעי) שהם **נצח הוד**, תרי **פלגי גופא** בפנימיות, כנזכר בסידור[216] הטהור למרן הרש"ש•

והמלך השישי **הנה** שאול **מרחובות הנהר** גם הוא לא נזכר שם אביו, אלא רק שם מקומו, **הוא** בחינת ספירת **היסוד** דנקודים, **בסוד מה שהודעתיך כי**[217] עטרה[218] של היסוד **הבינה הוא**

211

כרם שלמה ש"ח פ"ד אות ח' – ומה שכתב עוד אשר הם דם ונעשו חלב ועתה צמקו, רצונו לפרש מה פירוש **צמקו**, ופירש מה שהיו תחילה הגבורות בבחינת המיתוק, עכשיו חזרו לבחינה הראשונה. וזה מה שכתב **אשר הם דם**. פירוש שתחילתם היו כך. **ונעשו חלב**, פירוש אחר כך, ועכשיו חזרו לבחינת דם, וזהו מה שכתב **ועתה צמקו**.

212

כרם שלמה ש"ח פ"ד אות ח' – ומה שכתב על שמלה ממשרקה שהם הנצח הוד וכו', מפני שהוקשה לו למה כתובים שניהם בשם מלך אחד, ולזה כתב כי הם **ב' פלגי גופא**. וכל אחד מנצח הוד הם חצי ספירה, וחיבור שניהם הם ספירה אחת, לכן הם נקראים בתורה ספירה אחת.

213

בית לחם יהודה ש"ח פ"ד דכ"ה ע"ג – ושמלה ממשרקה הם נצח והוד תרי פלגי גופא, ושאול מרחובות הנהר הוא יסוד, ובעל חנן בן עכבור הוא מלכות, והנה שאול מרחובות הנהר הוא וכו', כך צריך לגרוס.

214

ע"ח שי"ח פ"ח מ"ת דפ"ז ע"ב – ונבאר תחלה מה הם בחינת הניצוצין שירדו מהם. הנה נודע כי **נצח הוד הם ב' פלגי דגופא** כנ"ל, לכן אין הוי"ה גמורה בכל אחד מהם, רק הוי"ה אחת בין שניהם, נמצא כי חצי הוי"ה הוא אור של נצח, וחצי הוי"ה הוא אור של הוד.

ע"ח ח"ב שמ"ד פ"ו מ"ת ד"ק ע"ג – נצח והוד דז"א, דע כי נצח הוד דז"א הוא סוד חד גופא בבחינת חיצונים, **אבל בבחינת פנימים הם תרי פלגי גופא** כנזכר בזוהר. כיצד הנה שם החיצון הוא שם צבאות, ושם זה כולל שניהם יחד, ואחר כך באמצע הוא שם אחד לבד כולל לשניהם, שהוא ברבוע צ צבא צבאו צבאות, והרי כי מצד ב' שמות אלו החיצונים הם כלולים ביחד. אבל השלישי והוא הפנימי, מצדו הם נחלקים לב', שם הוי"ה בנצח, ושם אדנ"י בהוד.

215

כרם שלמה ש"ח פ"ד אות ח' – ומה שכתב במוקף)**ובעל חנן בן עכבור**(, יפה עשה שהקיפה, מפני שמפורש במקום אחר כי בעל חנן בן עכבור הוא ספירת המלכות, ואינו בחינת הנצח הוד, כי הוא מנוי אחר ספירת היסוד, שהוא שאול מרחובות הנהר, ופשוט.

216

תרשים ד – ט"ז.

217

בית לחם יהודה ש"ח פ"ד דכ"ה ע"ג – כי יסוד הבינה הוא רחב. ואם תאמר מאחר שכל השבעה מלכים הם יצאו מיסוד הבינה, הנקרא רחובות הנהר, אם כן אמאי דבר זה נרמז בשאול טפי מכולהו. ויש לאמר לפי שגם שאול הנזכר הוא בחינת יסוד.

218

כך הגירסה בספר אוצרות חיים.

רוֹזֵב[219] **לִהְיוֹתָהּ נְקֵבָה, וְנִקְרָא**[220] עטרת היסוד דבינה בשם **רְחוֹבוֹת הַנָּהָר** והיא[221] שורש ליסוד דנקודים, כי כל נהר הוא כינוי ליסוד, בסוד הפסוק[222] ונהר יוצא מעדן להשקות את הגן. **וְרָאשֵׁי תֵּיבוֹת** של **שָׁאוּל מֵרְחוֹבוֹת הַנָּהָר** הוא **מֹשֶׁה**,[223] **כִּי**[224] **מֹשֶׁה**[225] **הוּא** סוד חיצוניות יסוד

219

כרם שלמה ש"ח פ"ד אות ט' – עכשיו הגיע להיסוד היכן נרמז, וכתב בשם **שאול מרחובות הנהר**. ואם תאמר איך נרמז היסוד במילת שאול, לזה כתב מה שהודעתיך כי יסוד בינה הואיל והיא פרצוף נקבה, לזה היסוד צריך להיות רחב, ולזה שם מרחובות הנהר רומז ליסוד, כי בכל האברים אין חילוק בין אברי הזכר לאברי הנקבה, כי אם בזכר רחב, ובנקבה גם כן רחב, ואם בזכר דק וצר, בנקבה גם כן האבר שכנגדו הוא דק וצר, ואין חילוק ביניהם כי אם בהיסוד, של הזכר דק וצר, ואצל הנקבה הוא רחב. ולכן רחובות הנהר אין פירושה נופל על שום ספירה, כי אם על ספירת היסוד דנוקבא.

220

כרם שלמה ש"ח פ"ד אות ט' – ואם תאמר והרי אנחנו עכשיו מונים הו"ק דז"א ולא דבינה, אם כן למה נרמז כאן יסוד דבינה ולא דז"א, אלא כתבנו לעיל אפילו קודם שבירת הכלים האלו, הנה דאימא כבר היו מתפשטים כפי אותו הזמן באותה הבחינה בתוך ז"א, וידע הוא כי כל הספירות דז"א יש להם על מה לסמוך בבינה, לבד מהיסוד דז"א שאין לו על מה לסמוך בבינה, ונקרא יתו"ם, בסוד ויהי יוסף יפה **תואר ויפה מראה** ראשי תיבות **יתו"ם**, והטעם הוא מפני שיסוד דבינה קצר הוא, ואינו מתפשט בכל הקו האמצעי דז"א, כי הוא מסתיים בחזה דז"א, מה שאין כן הנצח הוד דבינה שהם מתפשטים בכל קו ימין ושמאל דז"א, שהם חח"ן בג"ה דז"א, ולהיות שכולם יש להם לסמוך על הבינה, לבד מהיסוד שאין לו על מה לסמוך בבינה, לכן היסוד דז"א לא נזכר כאן, ונזכר יסוד דבינה במקומו.

221

הגהות רמ"ז והרנ"ש אות פ"ד – בהגה"ה, פירוש כל השבעה כלים שנשברו, **כל אחד מהם יש לו שורש כנגדו בשבעה תחתונות דאימא**. וזה שכתוב כאן שאול שהוא יסוד, שהוא מהשבעה שנתבטלו, **ושורשו הוא מרחובות הנהר, שהוא יסוד בינה**. ובזה תבין מאן דכר שמיה דמשה הכא, אלא דיסוד אבא מתלבש ביסוד אימא.

222

בראשית ב' י' – ונהר יצא מעדן להשקות את הגן ומשם יפרד והיה לארבעה ראשים.

223

איפה שלימה, שער הנקודים פ"ד ד"ח ע"ב)ח(– כי הוא סוד היסוד דאבא וכו'. בע"ח כתב יד נ"ב - א"מ אפשר שבעת הנקודים היה סדר התלבשות האורות לפי שעה, דאם לא כן איך יש יסוד ז"א בעת החורבן. וכך מובן מענין סדר העמדת או"א, וביטול אחוריהם הנזכר אחר כך, וצריך עיון. ויש קצת סיוע לזה האמור ממה שכתב הרב בדרושי המלכים שבמדרש רות, ואחר כך מצאתי שכך כתב בהדיא בשער המלכים מ"ב פרק ט' שאפילו קודם התיקון היו נה"י דאימא נכנסים תוך גופא דז"א יעו"ש, עד כאן לשונו. ועוד נ"ב הרב דוד פרדו לאיזה ענין רמז במלך זה שני יסודות דאו"א, ואפשר לפרש כי מלך זה שהוא יסוד דנקודים כשמלך, המשיך ב' בחינות משני מקומות לשני יסודות כמותו, שהם כללות חמשה חסדים ביסוד דישראל סבא, וכללות חמשה חסדים ביסוד דתבונה, לזה נרמז בו ב' יסודות דאו"א. ואף על פי שמלך השביעי המשיך גם כן כללות דכללות במלכיות דישסו"ת, אין צריך לרמוז בה, כי הנקבה אינה עולה בשם אצל הזכר. אי נמי יש לומר כי ביטול ד' בחינות אחורי או"א וישסו"ת נרמזו בארבע מלכים שנזכרו בהם שמות אבותיהם. וכן ירידת החו"ג מיסודות דישסו"ת שהוא גמר ירידת אחורי או"א נרמזו במלך זה, שהוא יסוד דנקודים גם כן, עד כאן לשונו.

224

בית לחם יהודה ש"ח פ"ד דכ"ה ע"ד – כי משה הוא יסוד דאבא. פירוש, וגם הוא יוצא מיסוד אימא, כי כאשר מתלבשין נה"י דאו"א בז"א בסוד מוחין, הנה יסוד אימא נגמר בחזה דז"א, ויסוד אבא הוא ארוך, והוא יוצא מחוץ ליסוד אימא.

225

דאבא המתלבש תוך פנימיות יסוד דאימא **כנ֫זכר לקמן,** לפי[226] שחיצוניות יסוד דאבא הוא האחוריים דשם ע"ב כזה יו"ד, יו"ד ה"י, יו"ד ה"י וי"ו, יו"ד ה"י וי"ו ה"י ה"י בגימטריא **קפ"ד,** ופנימיות יסוד דאימא הוא אהי"ה דיודי"ן בגימטריא **קס"א,** וב' שמות אלו הם בגימטריא **מש"ה.** **זאת ועוד** החסדים[227] והגבורות שביסוד דאבא, והגבורות שביסוד אימא, מתפשטים ומתלבשים ביסוד דז"א, לכן יש קשר בין היסודות האלו הנקראים משה ליסוד, **ושורש נשמת**

שׁ֫אול[228] **המלך היה מבזִ֫ינה זו** של יסוד דנקודים, שהוא עולם התוהו, ולכן[229] מלכותו לא נתקיימה, נשברה ונתבטלה, ועברה לדוד המלך ולזרעו. **וזה**[230] **שכתוב בתנ"ך**[231] על **שׁ֫אול** המלך, **והנ֫ה הוא**

שער הפסוקים, פרשת שמיני דל"א ע"ד – ראיתי לבאר כאן, ענין משה ואהרן נדב ואביהוא אלעזר ואיתמר, ושאר בני ישראל, אשר היו בדור ההוא. כבר הודעתיך בפסוק וראית את אחורי, כי נה"י דאבא מלובשים תוך נה"י דאימא, ובתוך כל אחד מהם, יש בהם ג' אורות דמוחין דז"א, שהם חב"ד, מצד אבא, בנה"י דאבא. וחב"ד מצד אימא, בנה"י דאימא. ונה"י דאבא תוך נה"י דאימא, וכלם תוך גופא דזעיר. והנה נתבאר אצלינו בדרוש הרפ"ח ניצוצין, איך יש כמה אחוריים לאחוריים וכמה פנים לפנים. וביארנו, כי הפנים מעולים מן האחוריים, והאחוריים הפשוטים, מעולים מן האחוריים המליאים. והנה הפנים של יסוד אבא, היא הוי"ה דמלוי יודי"ן, העולה ע"ב. ואחוריים הפשוטים, הם ג"כ ע"ב, והאחוריים מליאים הם בגימטריא **קפ"ד.** אמנם הפנים של יסוד דאימא, הוא שם אהי"ה דמלוי יודי"ן, ועולה **קס"א.** והאחוריים הפשוטים, הם בגי' **מ"ד.** והאחוריים המליאים, הם בגימטריא תקמ"ד. הנה נודע, כי בהיות יסוד דאבא תוך יסוד דאימא, נמצא כי הפנים דיסוד דאימא, סובבים על אחוריים דיסוד דאבא, והם דבוקים יחד. והנה משה, משתי בחינות אלו דבוקות יחד, שהם, **פנים דאימא שהם קס"א, ואחוריים דאבא המליאים שהם קפ"ד. ושניהם בגימטריא משה.** כי נודע שהאחוריים היותר חיצונים דיסוד דאבא, שהם קפ"ד, הם הדבוקים עם הפנים דיסוד דאימא, ומשניהם שורש נשמת משה רבינו ע"ה. ובבחינת אחוריים של אבא שהם קפ"ד, נאמר לו - וראית את אחורי, כי שם שרשו, ולא בבחינת הפנים דיסוד דאבא. ובבחינת הפנים של יסוד דאימא, אמרו בספר הזוהר שמשה זכה לבינה, לפי שלא זכה אל הפנים דיסוד דאבא. ואמנם אין זה אלא בבחינתם למטה, בהיותם מתלבשים תוך ז"א, ולא בבחינתם למעלה במקומם עצמם. ולכן נקרא משה איש האלהי"ם, בעלה דמטרוניתא, כי הנה הוא בבחינת אחורי היסוד של אבא, ופני היסוד של אימא, בהיותם למטה בסוד הדעת דז"א, הנקרא בעלה דמטרוניתא.
226

תרשים ד – י"ז.
227

ע"ח שי"ח פ"ד מ"ת דפ"ז ע"ב - ועוד טעם אחר במה שנתבאר כי ב' יסודות דאו"א מתלבשין תוך ז"א, וכל אחד מהם יש בו חמשה חסדים וחמשה גבורות, והחמשה חסדים דיסוד דאמא הם מתפשטין בז"א בחסד גבורה תפארת ונצח הוד שלו. והחמשה גבורות דיסוד דאמא וכן החמשה חסדים וחמשה גבורות דיסוד דאבא, אשר לא נתגלו, ולא יצאו, **הנה כל אלו הם יורדין אל היסוד דז"א.** וכבר ידעת כי סיום היסוד דאבא הוא מסתיים ביסוד דז"א עצמו, נמצא כי ט"ו חסדים וגבורות יש ביסוד דז"א, אשר מספרם י"ה.
228

בית לחם יהודה ש"ח פ"ד דכ"ה ע"ד – ושאול המלך היה מבחינה זו. ר"ל מבחינת היסוד דנקודים.
229

ספר הלקוטים, שמואל א' דע"ו ע"ד – ענין שאול ויהונתן ודוד. **דע כי שאול היה שורשו מיסוד דמלכים מיתו,** והנה נתבאר אצלינו כי נשאר אור אחד מלבד מלכים, והוא להאיר למלכות, עיין בדרוש א"ק, ומצד זה מלך שאול. **ולהיותו מהתוהו לא האריכה מלכותו, ונשברה, ונתבטלה.** והנה יהונתן היה מתפארת דמלכים דמיתו, ולכן נקרא יהונתן, יה"ו כי הה' אחרונה היא הנוקבא, והנה הוא מקבל מבינה חמשים שערי בינה, והם עשר פעמים נ' גימטריא ת"ק כמנין נת"ן, וזהו יהונתן. והנה לכן לא זכה למלוכה, **כי אביו שאול היה לו מעט שייכות למלוכה מצד פקדון,** אך יהונתן לא כן, ולכן היה רוצה לירד ליצירה, להיות תמן גם בחינת ז"א, ולהיות משנה לדוד, בסוד מטטרו"ן, משנה למלך, עד כאן לשון הרב.
230

שער ההקדמות, דרוש שבעה מלכים ד"כ ע"א – ושאול מרחובות הנהר הוא היסוד, וטעם היותו נקרא שאול הוא כי בחינה זו היה היה שאול המלך, שעליו נאמר והנה הוא נחבא אל הכלים. והסוד הוא מה שיתבאר

נזבא אל הכלים. פירוש, כאשר נשברו אלו הכלים של **המלכים** דנקודים, **כמו שמבואר במקום אזור, כל** האורות נסתלקו מתוכם, ונשארו מאנין **תבירין** כלים שבורים, **ולא**[232] **נשארו בהם רק בבחינת רפ"זז ניצוצין** שהוא קיסתא דחיותא, כדי להחיותם בזמן התיקון, **כמו שיתבאר בע"ה בשער**[233] **מיוזזד** לזה, והוא שער רפ"ח ניצוצין.

[234][235][236] **ואמנם בכלי של היסוד** דנקודים **נשאר אור**[237] **אזזד זולת הרפ"זז ניצוצין** שנשארו בכל כלי וכלי מהכלים דנקודים, ואור זה שנשאר בכלי היסוד להאיר לכלי המלכות, הוא בבחינת[238] ל"ב נתיבות

לקמן כאשר נשברו הכלים של אלו המלכים, נסתלקו מהם כל האורות, ועמדו בעולם האצילות, והכלים ירדו בעולם הבריאה, ולא נשאר בתוכם זולתי רפ"ח ניצוצין דאורות להחיותם חיות מצומצם, עד שיותקנו. ואמנם בכלי היסוד נשאר בו עוד בחינת אור אחד, זולת בחינת רפ"ח נצוצין, כדי להחיות משם ולהאיר בכלי של המלכות, לפי שהיא לית לה מגרמה כלום, ובחינת האור הזה נקרא שאול המלך. ולכן זכה למלוכה עם שאינו מזרע דוד, לפי שכוונתו היתה להאיר ולהחיות אז אל המלכות. ולהיות כי בכל שאר הכלים לא נשאר בהם רק רפ"ח ניצוצין, **ובכלי היסוד נשאר בו עוד נוסף אור הנזכר להאיר אל המלכות**, לכן נאמר עליו שהיה נחבא אל הכלים, כי להיותו שם בזמן מיתתו ושבירת הכלים, היה ראוי שיסתלק משם, ולכן עמידתו והשארותו שם הוא כאיש הנחבא תוך כלי ההוא, שלא יתגלה עניינו, ויסירוהו גם הוא משם.
[231]

שמואל א' י' כ"ב – וישאלו עוד בהוי"ה הבא עוד הלם איש ויאמר הוי"ה **הנה הוא נחבא אל הכלים.**
[232]

כרם שלמה ש"ח פ"ד אות ט' – ואף על פי שאמרנו שנשארו מאנין תבירין בלא אורות, אבל על כל פנים לצורך התחייה שלהם, שאחר כך עתידים להחיות ולחזור לעולם, ולעלות לעולם האצילות, נשאר בהם **קיסתא דחיותא**, והם רפ"ח ניצוצין.
[233]

בית לחם יהודה ש"ח פ"ד דכ"ה ע"ד – בשער מיוחד. הוא שער י"ח.
[234]

יפה שעה)א(– אמנם בכלי של היסוד, נשאר אור אחר זולת הרפ"ח ניצוצין, כדי להחיות את כלי המלכות משום דלית לה מגרמא כלום כו'. ואם תאמר בשלמא בעולם העקודים, כיון שבהתפשטות השני שנתפשטו האורות, נשאר כלי המלכות בלא שום אור מעצמותה וחלקה, שייך שפיר לומר בה דלית לה מגרמא כלום, אבל בעולם הנקודים מתחלה יצאו שבעה אורות לשבעה תחתונות, וכלי המלכות נכנס בה האור הראוי לחלקה, שיצא מתחלה לשמה. ומה שייך לומר דלית לה מגרמא כלום. ועוד כאשר היה שנשברו הכלים כולם, ובכללות כל הכלים לא נשאר בתוכם אלא רפ"ח ניצוצין דאורות, אנו רואים שבכלי המלכות נשארו אורות יותר מכולם, כמו שכתב רז"ל בשער רפ"ח פרק ב' ז"ל - גם צריך שתדע כי מספר הניצוצות שירדו מכל הוי"ה מאלו הארבע אינם שוים, לפי ששם ע"ב העליון שבכולם, לא היתה בו כל כך שבירה גדולה כמו הס"ג. וכן כיוצא בזה בשאר, ובודאי כי משם ב"ן ירדו יותר ניצוצות מכל השאר, וממ"ה פחות מב"ן, יע"ש. באופן שבשם ב"ן שהוא חלק האור הנכנס בכלי המלכות כמבואר שם, נשארו ניצוצות של אור בכלי שלה יותר מכולם, רק עלה מדרגה ראשונה, וממדרגה השניה ולמטה כולם ירדו עם שבר הכלי כמו שכתב רז"ל, יע"ש. הרי שיש בתוכו אורות רבים יותר מכל שאר הכלים. וצריך לאמר דאין הכי נמי שנשארו בכלי המלכות אורות יותר מכולם, אלא כיון שכל אלו האורות דרפ"ח כולם מב"ן הכולל כנודע, וחלק הנוגע למלכות אינו אלא ב"ן דב"ן. אשר הוא תוקף הדין, ואפשר שלא היה לו כח להחיות אלא על ידי הארת אור היסוד המאיר בה.)ותירוצו דחוק, ולעניות דעתי דהנה הטעם נתבאר לקמן פרק ה', ובשער הקדמות שם דכתב וז"ל - ולהיות כי העניין הזה אירע במלכות דעקודים, ונודע כי הנקודים כל הכלים שלהם נעשה על ידי הסתכלות אור העין באורות העקודים כנזכר, וכיון שבעקודים עצמם היה הכלי של המלכות חסר מן האור שלה עצמה, ולכן נשבר,

חכמה הנמשכים ממוח החכמה ליסוד, כדי[239] שיאיר לכלי המלכות, ואור[240] זה דל"ב נתיבות חכמה עם הרפ"ח ניצוצין הוא[241] סוד ש"ך ניצוצין, ול"ב ניצוצין[242] שהם בעצם ל"ב שמות אלהי"ם אלו ניתנו בכלי היסוד **כדי להחיות**

יע"ש. ובמבוא שערים דף כ"ח, ואם כן הוא הסיבה והוא הטעם שהוצרך האור זה של היסוד לצורך המלכות, שמן ששון(.
235

הגהות וביאורים)י(– ובע"ח בן עכבור מלכות.
236

בית לחם יהודה ש"ח פ"ד דכ"ה ע"ד – ואמנם בכלי היסוד נשאר אור אחד זולת הרפ"ח ניצוצות. עיין בספר מבוא שערים דף יו"ד ע"ד וז"ל - אי אפשר, כי אלו הל"ב אלהי"ם הנוספים על הרפ"ח, הם בחינת שאול מרחובות הנהר, שנחבא בכלי היסוד.
237

מבוא שערים ש"ב ח"ב פ"ט ד"י ע"ג – או אפשר, כי אלו **הל"ב** אלהי"ם הנוספים על הרפ"ח, **הם בחינת שאול מרחובות הנהר, שנחבא בכלי היסוד**, כנזכר לעיל בסוף פרק ח', כי אלו הל"ב הם נמשכים ממוח החכמה, ל"ב נתיבות אל היסוד, ולכן אינם במספר הרפ"ח, אשר הם מהחסד ולמטה. כמו שמבואר בפרק זה בע"ח, וצריך עיון.
238

ספר יצירה פ"א משנה א' – **בשלשים ושתים נתיבות פליאות חכמה** חקק י"ה הוי"ה צבאו"ת את עולמו בשלשה ספרים בספר ספר וספור.......
239

כרם שלמה ש"ח פ"ד אות ט' – ואמנם בכלי היסוד נשאר אור אחד זולת הרפ"ח ניצוצין. פירוש, **שהוא נקרא ל"ב נתיבות חכמה**, כמפורש במקום אחר, וזהו מה שנמצא לפעמים שנקראים בחינת ש"ך ניצוצין ולא רפ"ח, אלא רפ"ח עם ל"ב נתיבות הם ש"ך ניצוצין. והטעם שנשאר בחינת מעלה זאת יותר מזולתו, לזה אמר - כדי להחיות את כלי המלכות דלית לה מגרמה כלום.
240

לקוטי תורה למהרח"ו, תהילים דקכ"ח ע"א – קרוב הוי"ה לנשברי לב. כבר ידעה כי שבעה מלכים דמיתו הם סוד ל"ב נתיבות החכמה, ש"ך ניצוצין דאזריקו, והם נקראו נשברי ל"ב, והם בחינת ו"ק דז"א, הנקרא רוח. וזה שאמר - ואת דכאי רוח יושיע, כי נדכאו למטה לעולם הבריאה, יושיע בעת התקון לעלות.
241

לקוטי תורה, בראשית ד"ז – ורוח אלהי"ם מרחפת על פני המים. דע כי סוד ש"ך ניצוצין הם רפ"ח ניצוצין הנודעים, עם ל"ב אלהי"ם, **יעלה ש"ך**. וזהו ורוח אלהי"ם מרחפת, מ"ת רפ"ח, עם רוח אלהי"ם, שהם ל"ב אלהי"ם.
242

הגהות רמ"ז והרנ"ש אות פ"ז – בספר מבוא שערים ש"ה ח"ב. וז"ל- ונראה לעניות דעתי לפרש כי הש"ך ניצוצות שהם שבע פעמים אד"ם, הם שבעה כלים דשבעה מלכים. והרפ"ח ניצוצות הם אורם שבתוכם. ומעולים מהמשכ"ה דינים שהם כלים ממש, כנודע שיש הפרש בין שכ"ה לרפ"ח, וכללות ב' נרמזו בהיום **הר"ת עולם**. או אפשר במה שכתבת גם כן ממורי זלה"ה במקום אחר, כי הרפ"ח ניצוצות בהצטרף עליהם ל"ב **אלהי"ם שגם הם שורשי הדין**, הם ש"ך. והכל אחד. ומה שנבאר לקמן כי השכ"ה הם כלים, פירוש על הניצוצות שבתוכם, שאינם נפרדים מהם תמיד. **או אפשר כי אלו הל"ב אלהי"ם הנוספים על הרפ"ח ניצוצין, הם בחינת שאול מרחובות הנהר, שנחבא בכלי היסוד**, כנזכר לקמן פ"ח. כי אלו הל"ב נמשכים ממוח חכמה ל"ב נתיבות אל יסוד, ולכן אינם כמספר רפ"ח אשר הם מחסד ולמטה, כמו שכתוב בפרק זה.
הגהות רמ"ז והרנ"ש אות פ"ח – נראה לעניות דעתי נתן, **שזה סוד ורוח אלהי"ם מרחפ"ת**, אמנם על יד רוח אלהי"ם שהם **ל"ב אלהי"ם** שהם גם כן דינים אחרים, נתקנו קצת ונמתקו מעט, ונעשו ש"ך ניצוצין, כי אלו הל"ב אלהי"ם יצאו מהבינה שנקראת רחובות הנהר, ונשאר עם היסוד דז"א שנקרא שאול, ועל ידי זה היה כח בהם להמתיק הרפ"ח.

אֶת כְּלֵי הַמַּלְכוּת, [243] **דְּלֵית** [244] **לָה מִגַּרְמָה כְּלוּם,** והטעם [245] לכך שכלי המלכות חסר בערך לשאר הכלים שנשברו הוא, כי [246] כבר יתבאר שהכלים דנקודים נעשו מהסתכלות באורות האח"פ, כאשר הג"ר הסתכלו

243

איפה שלימה, שער הנקודים פ"ד ד"ח ע"ג)ט(– דלית לה מגרמה כלום וכו'. עיין להרב יפה שעה ז"ל באות א' מה שהקשה ותירץ. ועיין להרב שפת אמת בפרקין, מה שדחה תרוצו יעו"ש. והנראה לעניות דעתי בזה כי מה שכתב לית לה מגרמה כלום, לא קאי על האור עצמו, רק על הכלי דמלכות עצמו, שנעשה מהסתכלות העין במלכות דעקודים, כי מלכות דעקודים אור שלה אינו מבחינת עצמה, ולכן נקראת מלכות דעקודים לית לה מגרמה כלום, כמו שכתב לקמן בפרק ה', וזה גרם שהכלי של מלכות דנקודים היה חלוש, והוצרך לו אור אחר מלבד הרפ"ח, שהוא בחינת שאול הנחבה אל הכלים, כדי שיהיה בה כח לעלות ולהתברר בזמן התיקון. גם זה הטעם גרם שנשבר הכלי שלה, עם שלא נכנס בו כי אם אור שלה דווקא. וכך כתב רז"ל בהדיא במבוא שערים ש"ב ח"ג פ"ג ד"ז ע"א, יעו"ש.

244

בית לחם יהודה ש"ח פ"ד דכ"ה ע"ד – דלית לה מגרמה כלום. לא קאי על האור עצמו, רק על הכלי דמלכות עצמו, שנעשה מהסתכלות העין במלכות דעקודים, כי מלכות דעקודים אור שלה אינו מבחינת עצמה, כמו שכתוב בפרק ה' שבסמוך וז"ל - וזה גרם שהכלי דמלכות דנקודים היה חלוש, והוצרך לו אור אחר מלבד הרפ"ח, שהוא בחינת שאול הנחבא אל הכלים, גם זה הטעם גרם שנשבר הכלי שלה עם שלא נכנס בו כי אם אור שלה דווקא. וכך כתב רז"ל בהדיא במבוא שערים דף ז ע"א)אש"ל ושמן ששון(.

245

כרם שלמה ש"ח פ"ד אות ט' – והטעם של המלכות שהיא בבחינה זו, מפרש אותם לקמן בסוף פרק ה', והנה כיון שכל אלו הכלים של הנקודים נעשים בהסתכלות העין בעקודים הנ"ל, ולכן כיון ששם היה חסר בחינת אור המלכות מן הכלי שלה, גם זה הכלי של המלכות דנקודים היה חסר, ולא יכלה לקבל אור שלה, עד כאן לשונו. ור"ל הואיל והכלי של הנקודים נעשה מבחינת הכלי של העקודים, ושם היתה המלכות בבחינת לית לה מגרמה כלום, גם כאן המלכות נעשית לית לה מגרמה כלום. ולכן צריך שזולתה יאיר לה ולהחיותה, והוא כלי היסוד שנשאר בו זה האור היתר כדי שיהיה בו סיפוק להחיות את המלכות, ולא תיפול לגמרי, ולא יהיה לה תקומה ח"ו, ופשוט.

246

ע"ח ש"ח פ"ב מ"ת דל"ו ע"ב – והנה עשרה נקודות הם, והג' ראשונים שבהם הם לוקחים אור שנמשך מהסתכלות העין באח"פ ממקומם עד מקום התחברות בשבולת הזקן כנודע, ואינם מקבלים אותם רק בשבולת הזקן, כי משם מתחילין הן, ולא ממה שבשבולת הזקן ולמעלה,)נ"א בשבולת הזקן ולא ממה שבשבולת הזקן ולמעלה ואינם מקבלין רק בשבולת הזקן כי משם מתחילים הן ולא ממה שכנגד העין עד שבולת הזקן(. **אבל שבעה נקודות התחתונים אין לוקחין רק ממה שנמשך מהסתכלות באורות החוטם והפה משבולת הזקן ולמטה,** כנודע כי החוטם מגיע עד החזה, והפה עד הטבור, ולא משבולת הזקן ולמעלה. ונמצא כי לפי זה ג' נקודות הארה הארה לוקחין לצורך הכלים של הם מן ג' האורות שהם אח"פ בשבולת דוקא, **אבל שבעה תחתונות אינם לוקחין רק מב' אורות לבד, שהם חוטם ופה, משבולת ולמטה עד הטבור,** כי אור אזן העליונה כבר נגמרה ונסתמה בשבולת הזקן. ולכן גדולה היא הארה ג' נקודות עליונים מן השבעה תחתונים. ולסבה זו ג' מלכים הראשונים לא מתו, לפי שיש להם הארה גדולה, והכלי שלהם מעולה מאד, לפי שנעשה מבחינת אזן העליונה ומהחוטם ופה, כי בהסתכלות העין באורות האזן חוטם פה נעשו הכלים שלהם כנזכר לעיל. כי לקחו כליהם ממקום שעדיין אורות האזן שהם בחינת נשמה נמשכים שם, שהוא עד שבולת הזקן כנ"ל. אמנם השבעה מלכים תאין מתו, לפי שכליהם נעשו מהסתכלות עין בחוטם פה לבדף והיה חסר מהם אור האזן העליונה.

חסדי דוד דמ"ט ע"ד, אות י"א – וכלי הנקודות שהם החיצוניות נת"א דס"ג, וחיצוניות טנת"א דב"ן, נעשו על ידי שעברו אורות הנזכר דרך יציאתם מן העינים, ושאבו מן אורות אח"פ, שעל ידי הסתכלות העין באזן ימין, ואור חוטם ופה כלולים בו, מקו הראיה, נעשה אור מקיף דכתר דנקודים, ומהארת הקו נעשה אור פנימי שלו. ומהסתכלות העין באזן שמאל, מקו הראיה, נעשה חיצוניות הכלי הנזכר, ומהארת הקו נעשה פנימיות הכלי.

בכל אורות האח"פ בשבולת הזקן דא"ק, השבעה תחתונות דנקודים הסתכלו באורות החוטם והפה משבולת הזקן ולמטה עד הטיבור דא"ק, וכל כלי דנקודים נעשה מהאור המקביל לו דחוטם ופה, לכן כלי המלכות דנקודים נעשה מהסתכלות אור מלכות דנקודים באור מלכות דעקודים, אשר[247] **עם**[248] **כל זאת** המאציל הלביש במלכות דעקודים אור קטן באיכות ובכמות, והוא אור שלא שיך לכלי המלכות דעקודים, והאור הנקרא[249] אות **ד'**, הנעשה מזיווג זו"ן דבינה דעקודים, ובהסתכלות אור מלכות דנקודים באור זה דמלכות דעקודים, נעשה כלי המלכות דנקודים, ולכן גם המלכות דנקודים כמו המלכות דעקודים דלית לה מגרמה כלום, והוצרך האור שנחבא בכלי היסוד דנקודים להאיר בה, כדי שתהיה לה תקומה. **וזה**[250] **האור שֶׁנִּשְׁאָר שָׁם** בכלי היסוד דנקודים, בזמן שכל הכלים דנקודים נשברו וירדו לבי"ע, והאורות שלהם נשארו באצילות, ורק בחינת רפ"ח הניצוצין ירדו עם הכלים לבי"ע, ומן הראוי היה שגם האור הזה יישאר באצילות עם שאר האורות דנקודים, ולא לרדת לבי"ע, עם כל זאת התחבא האור הזה בכלי היסוד דנקודים, וירד לבי"ע בתוך כלי היסוד כדי להאיר לכלי המלכות, ואור זה הוא

וכלי חכמה דנקודות נעשה מהסתכלות העין באורות החוטם עד הפה, מצד ימין אור מקיף, ומשמאל חיצוניות הכלי. ומהפה ולמטה מצד ימין אור פנימי, ומצד שמאל [פנימיות הכלי]. וכלי הבינה דנקודות נעשה מהסתכלות העין באורות הפה עד הזקן, מצד ימין אור מקיף, ומצד שמאל חיצוניות הכלי, ומהזקן ולמטה מצד ימין אור פנימי, ומצד שמאל פנימיות הכלי. וכל אלו הכלים דג"ר דנקודות, נעשו מהסתכלות העין באורות אח"פ שבשיבולת הזקן. **וכלי השבעה תחתונות דנקודים נעשה מהסתכלות העין באורות החוטם והפה, שמהזקן ולמטה עד החזה, מצד ימין אור מקיף, ומשמאל חיצוניות הכלי, ומהחזה עד הטיבור מצד ימין אור פנימי, ומשמאל פנימיות הכלי.**

247

ע"ח ש"ו פ"ו מ"ת דכ"ז ע"ב – ונתחיל לפרש הענין, הנה אור המלכות לא השאיר רשימו, וכל בחינתה נסתלקה כולה ועלתה, וזה הטעם שנקראת מלכות אספקלריא מאירה שאינה מאירה דלית לה מגרמה כלום, כי לא השאיר בה שום רושם, אך מן הרשימו שנשאר ביסוד לבדו מאיר גם כן אליה. עוד יש טעם אחר אל הנזכר, והוא מה שיתבאר לקמן כי כאשר חזרו האורות לירד, נשאר כתר דבוק במאציל ולא ירד כלל, נמצא שחכמה חזרה למקום הכתר, כו', ומלכות במקום היסוד, **ונשאר כלי של המלכות בלתי אור כלל**, ולכן נקרא כלי של מלכות אספקלריא דלא נהרא.

248

ע"ח ש"ח פ"ח מ"ת דט"ל ע"א – וטעם הדבר, כמו שהודעתיך למעלה כי העקודים כאשר חזרו האורות שנית להכנס להאיר בכלים בכלים שלהם, לא נכנסו ממש אור בכליהם, רק בכתר נכנס אור החכמה וכו', ובכלי היסוד נכנס אור המלכות, ונשאר כלי המלכות ריקם, אשר לסיבה זאת נקרא המלכות אספקלריא דלא נהרא דלית לה מגרמה כלום, ונקרא עניה ודלה,)וכל זה(**כי האור שנכנס אחר כך בכלי של המלכות אינה אור שלה, רק אור חדש מזיווג או"א**, כמבואר אצלינו. וזה ענין מה שכתוב לעיל - אספקלריא דלא נהרא דלית לה מגרמה כלום, רק האור שלה הוא ממקום אחר, **וזכור ענין זה**. והנה כיון שכל אלו הכלים של הנקודים נעשים בהסתכלות העין בעקודים כנזכר לעיל, לכן כיון ששם)נ"א שכאן(היה חסר בחינת אור המלכות מן הכלי שלה, גם זה הכלי של המלכות דנקודים היה חסר, ולא יכלה לקבל אור שלה, ונשברה.

249

ע"ח ש"ז פ"ד מ"ד דל"ג ע"א – אמנם בשאר ספירות לא היה בהם שום מציאות זו"ן, כי כולם זכרים וגם שהם כלים גמורים, ואין בהם אור רק אותו האור שנכנס מחדש. נמצא אור הגבורה נכנס בחסד, וכן על דרך זה עד שנמצא כי **אור המלכות בכלי של יסוד**. ובכאן יש קושיא ראשונה גם כן, איך יעשה מזכר נקבה, אך דע שלכן הוצרכו זו"ן שבבינה להזדווג, להוציא ה' אחד דוגמתה, ונחלק לב', שהם ד'ו, ואות ו' נכנסה בכלי יסוד בסוד זכר של מלכות אשר שם, כי יותר גבוה הוא אות ו' מן אור המלכות שביסוד, לכן הם זו"ן. **ואחר כך אות ד' ירדה במלכות והשלימה שם במקומה.**

250

כרם שלמה ש"ח פ"ד אות ט' – מה שכתב וזה האור שנשאר שם בחינת שאול הנחבא אל הכלים, ר"ל זה האור שנשאר שם זולת הרפ"ח נצוצין, נקרא שאול הנחבא אל הכלים, מפני שנשאר בכלי היסוד בהחבא. פירוש, **שלא נסתלק גם הוא עם האורות שעלו ונשארו באצילות**, ומן הראוי היה שיסתלק, אלא החבא עצמו, ונשאר בכלי היסוד בהחבא, ולכן נקרא שאול נחבא אל הכלים.

בְּחִינַת שָׁאוּל הַמֶּלֶךְ **הַנֶּחֱזָבָא אֶל הַכֵּלִים,** לפי שאור זה נחבא **שָׁם בְּכֵלִי הַיְסוֹד** דנקודים, וירד לבי"ע כדי להאיר לכלי המלכות, **מַה שֶׁלֹּא נִשְׁאַר** אור **בְּשׁוּם כֵּלִי אַחֵר** מהכלים דנקודים, זולת הרפ"ח נצוצין. **וּלְפִי**[251] **שֶׁהָיָה** (לא גורסים **שֶׁלֹּא**) **בְּעֵת הַשְּׁבִירָה וּמִיתָה נִקְרָא לְשׁוֹן מִתְחֲזָבָא** בכלי היסוד דנקודים, **כִּי הָרָאוּי הָיָה שֶׁיִּסְתַּלֵק גַּם הוּא** מכלי היסוד וישאר באצילות, וכלי היסוד ירד לבי"ע עם שאר הכלים דנקודים, **וְנִשְׁאַר**[252] **שָׁם** אור זה בכלי היסוד **בְּהֶחֱבָא, וְסִיבָה זוֹ הָיְתָה לְצוֹרֶךְ** כלי **הַמַּלְכוּת** דלית לה מגרמה כלום.]דל"ט ע"א 77[**לָכֵן**[253] **זָכָה שָׁאוּל** הַמֶּלֶךְ **לִמְלוּכָה** לפני דוד המלך, אפילו ששורש נשמתו היא לא מן המלכות, כמו דוד המלך, כי כאן במקרה המלכים החיה שאול מרחובות הנהר את כלי המלכות, ומגלגלים זכות על ידי זכאי, לכן זכה שאול המלך בתחתונים ששורש נשמתו משורש שאול מרחובות הנהר שבעולם התוהו, להחיות את המלוכה בישראל, והיה המלך הראשון בישראל, והכנה למלוכת דוד, **וְהָבֵן זֶה.**

והמלך השביעי הוא בעל חנן בן עכבור, ונזכר שמו ושם אביו, והוא רומז לספירת המלכות[254].

251
כרם שלמה ש"ח פ"ד אות ט' — וזה מה שכתב כאן **ולפי שהיה בעת השבירה ומיתה.** פירוש, ומן הראוי היה שיסתלק, ונקרא לשון מתחבא, כי הראוי היה שיסתלק גם הוא, ור"ל מפני שלא נקרא שבירה אלא בהסתלקות כל האורות זולת הרפ"ח ניצוצין.

252
כרם שלמה ש"ח פ"ד אות ט' — וזה שכתב **ונשאר שם בהחבא, וסיבה זו היתה לצורך המלכות.** פירוש, מפני דלית לה מגרמה כלום, וצריך ספירה אחרת להאיר לה ולהחיותה, כדי להקים אותה בתחיית המתים, והוא זכה בה ביסוד.

253
כרם שלמה ש"ח פ"ד אות ט' — ומה שכתב ולכן זכה שאול למלוכה, ר"ל הואיל ונשמת שאול היתה מזה החלק של האור שנשאר ביסוד, וטבע אותו האור של היסוד הוא כדי להאיר למלכות, נמצא שהוא זכה להחיות המלכות, ולכן גם שאול המלך אף על פי שלא היתה נשמתו מן ספירת המלכות, ואין ראוי להיות מלך כאן בתחתונים, כי אם מי ששורש נשמתו מן המלכות דאצילות, כמו דוד המלך ע"ה וזרעו, הואיל ושורשו של שאול כשהיה למעלה זכה לבנות המלוכה, שהיא המלכות, בסוד והיתה להוי"ה המלוכה. **לכן גלגלו זכות על ידי זכאי,** והוא התחיל להיות מלך בישראל כדי להיות הכנה למלכות דוד המלך ע"ה, וגם נתנו שכרו בכאן שזכה למלוכה להיות מלך.

254
מבוא שערים ש"ב ח"ב פ"ח ד"י ע"א — והנה שבעה המלכים הם, הדעת, והחס"ד, והגבור"ה, ותפאר"ת, ונצ"ח, והו"ד, והיסו"ד, והמלכו"ת. והם בלע, כנגד הדעת. יובב החסד. וחשם גבורה. והדד בן בדד תפארת. ושמלה נצל והוד. ושאול יסוד. **ובעל חנן מלכות.**

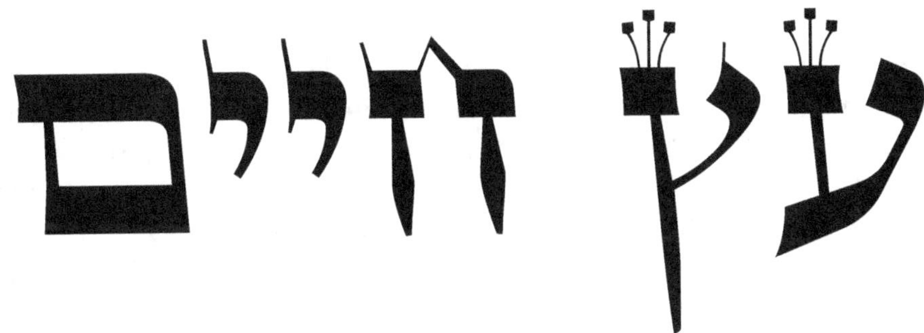

עֵץ זזיים

לרבינו זזיים ויטאל

שֶׁקִיבל מבמרן הָאֲרִ"י זלה"ה

שַׁעַר זז'

שַׁעַר דרושׁי הַנְקוּדות

פֶּרֶק ד'

זזלק הַתרשׁימים טַבלאות וצׁיורים

שֶׁבזזת זזיים

הקדמה קצרה

דע כי כל התרשימים הציורים והטבלאות, הם אך ורק לשכך את האוזן, ולשבר את העין. וכל הציורים הם לא שלמים.

כתב הרי"ח הטוב ברב פעלים ח"ב בסוד ישרים ה' - אך דע לך כי סדר התלבשות המחצבים שכתב מהרח"ו בשערי קדושה עד עולם הזה שאנחנו עומדים בו. וכן סדר התלבשות הפרצופים אשר בכל מחצב ומחצב, וסדר התלבשות העולמות זה בזה, והיושר והעיגולים, לא אית אינש דכיל למנלע רזא דנא, איך היא עשוי, איך הוא עומד, ולא אפשר לשכל אנושי לצייר כל הנזכר על אמתיתם, ועל בורייין מפני כי שכל האנושי בהיותו עצור ומונח בגוף גשמיי, אי אפשר לי להשיג דבר רוחני, והוא זה דומה לאדם סומא מן הבטן שלא ראה מאורות מימיו, דודאי אי אפשר לו לצייר מראות השמש והירח הנראין לעיני הבריות, וכל שכן מה שיש למעלה למעלה.

וכן כתב ברב פעלים ח"א בסוד ישרים א' - סוף דבר הכל נשמע, ה' אחד ושמו אחד, ואין לו גוף ולא דמות הגוף, ואין לו שום ציור, ותמונה ודמיון כלל ועיקר, וגם כל העולמות וספירות הקדושים למעלה אין להם ציור ודמיון של גופים האלה כלל, ואין מי שיוכל לידע איך הוא עמידתם וסדרם, ואיך עומדים עולמות היושר ועולמות העיגולים, ואיך מתחברים זה עם זה, ואיך נמשך השפע מזה לזה, ואיך הוא תוארם ומראיהם, ואיך הוא מהות השפע המחיה אותם, ומקיים אותם, וכמה הוא שיעור אורכם וגובהן ורחבם, ואיך הם נכללים זה בזה, ומלבישים זה לזה, כי בכל זאת אין שום שכל אנושי יוכל לדעת, ולהבין, ולהשיג, כלל ועיקר.

הרב ז"ל כתב בשער אח"פ תחילת פ"א וז"ל - כבר ידעת כי אין בנו כח לעסוק קודם אצילות עשר ספירות, ולא לדמות שום דמיון וצורה כלל ח"ו, אך לשכך האזן, אנו צריכים לדבר דרך משל ודמיון, לכן אף אם נדבר במציאות ציור שם למעלה, אין הדבר רק לשכך האזן. אמנם דע כי עשר ספירות דאצילות הם שתי עניינים. האחד הוא התפשטות הרוחניות, והשני הוא כלים ואברים אשר העצמות מתפשט בהם. והנה צריך שיהיה לכל זה שורש למעלה לשתי בחינות אלו, ולכן צריכין אנו לדבר בסדר המדרגות מראש עד סוף, והנה נתחיל ונאמר כי הלא הא"ס ב"ה אין בו שום ציור כלל ח"ו כמבואר.

הרב ז"ל כתב בשער תנת"א פ"א - והנה אף על פי שאנו מכנים וקוראים כאן כנויים אלו כגון אדם ראש אזנים וכיוצא אינו רק לשכך האזן לשיובנו הדברים לכן אנו מכנים אלו במקום גבוה, עד כאן לשונו.

וכן הרמ"ק בפרדס רימונים ש"ו פ"א - וציירו להם המקובלים צורות ביריעות גדולות וקראום אילן. הרב ז"ל כתב בסוף ש"ה פ"ד וז"ל - ואמנם דבר גלוי הוא כי אין למעלה גוף ולא כח גוף חלילה. וכל הדמיונות והציורים אלו לא מפני שהם כך חס ושלום. אמנם לשכך את האוזן לכשיוכל האדם להבין הדברים העליונים הרוחניים בלתי נתפסים ונרשמים בשכל האנושי, לכן ניתן רשות לדבר בבחינת ציורים ודמיונים, כאשר הוא פשוט בכל ספרי הזוהר. וגם בפסוקי התורה עצמה כולם כאחד עונים ואומרים בדבר הזה כמו שאמר הכתוב עיני ה' המה משוטטים בכל הארץ. עיני ה' אל צדיקים. וישמע ה'. וירח ה'. וידבר ה'. וכאלה רבות וגדולה מכולם מה שאמר הכתוב ויברא אלהים את האדם בצלמו בצלם אלהים ברא אותו זכר ונקבה וגו'. ואם התורה עצמה דברה כך גם אנחנו נוכל לדבר כלשון הזה, עם היות שפשוטו הוא שאין שם למעלה אלא אורות דקים, בתכלית הרוחניות, בלתי נתפשים שם כלל, וכמו שאמר הכתוב כי לא ראיתם כל תמונה, וכאלה רבות.

ואמנם יש עוד דרך אחרת כדי להמשיך ולצייר בה הדברים העליונים, והם בחינת כתיבת צורת אותיות, כי כל אות ואות מורה על אור פרטי עליון, וגם תמונת זו דבר פשוט הוא כי אין למעלה לא אות, ולא נקודה, וגם זה דרך משל וציור לשכך את האוזן כנזכר. ולכן נבאר עתה הקדמה הנזכר על דרך ציור האותיות גם כן ובבחינת ציורים אלו, הן ציור האדם, והן ציור אותיות, שתיהן מוכרחים להבין ענין האורות העליונים, כאשר תראה ספרי הזוהר בנויים על שתי בחינות הציורים האלה, עד כאן לא.

ולכן גם אנחנו הרשינו לעצמינו לצייר ציורים, תרשימים וטבלאות, אך ורק כדי לשכך את האוזן, ולשבר את העין, כדי להבין את הסוגייה.

אח"י

סדר שמות שמות ההיכלות והשערים בעץ חיים

שם היכל	שער	שם השער	א	ב	ג	ד	ה	ו	ז	ח	ט	י	יא	יב	יג	יד	טו
אדם קדמון	א	עיגולים ויושר	א	ב	ג	ד	ה										
	ב	השתלשלות י"ס דרך עגו'	א	ב	ג												
	ג	סדר אצילות למהרח"ו	א	ב	ג												
	ד	אח"פ	א	ב	ג	ד	ה										
	ה	טנת"א	א	ב	ג	ד	ה	ו	ז								
	ו	עקודים	א	ב	ג	ד	ה	ו	ז	ח							
	ז	מטי ולא מטי	א	ב	ג	ד	ה										
נקודים	ח	דרושי נקודות	א	ב	ג	ד	ה	ו									
	ט	שבירת הכלים	א	ב	ג	ד	ה	ו	ז	ח							
	י	תיקון	א	ב	ג	ד	ה										
	יא	מלכים	א	ב	ג	ד	ה	ו	ז	ח	ט	י					
הכתרים	יב	עתיק	א	ב	ג	ד	ה										
	יג	א"א	א	ב	ג	ד	ה	ו	ז	ח	ט	י	יא	יב	יג	יד	
או"א	יד	או"א	א	ב	ג	ד	ה	ו	ז	ח	ט	י					
	טו	זווגים	א	ב	ג	ד	ה	ו									
	טז	הולדת או"א וזו"ן	א	ב	ג	ד	ה	ו	ז								
ז"א	יז	ז"א	א	ב	ג	ד											
	יח	רפ"ח נצוצין	א	ב	ג	ד	ה	ו									
	יט	אנ"ך	א	ב	ג	ד	ה	ו	ז	ח	ט	י					
	כ	המוחין	א	ב	ג	ד	ה	ו	ז	ח	ט	י	יא	יב			
	כא	לידת המוחין	א	ב	ג												
	כב	מוחין דקטנות	א	ב	ג												
	כג	מוחין דצלם	א	ב	ג	ד	ה	ו	ז	ח							
	כד	פרקי הצלם	א	ב	ג	ד	ה	ו	ז								
	כה	דרושי הצלם	א	ב	ג	ד	ה	ו	ז	ח							
	כו	צלם	א	ב	ג	ד											
	כז	פרטי עי"מ	א	ב	ג	ד											
	כח	עיבורים	א	ב	ג	ד	ה										
	כט	נסירה	א	ב	ג	ד	ה	ו	ז	ח	ט						
	ל	פרצופים	א	ב	ג	ד	ה	ו	ז								
	לא	פרצופי זו"ן	א	ב	ג	ד	ה										
	לב	הארת המוחין	א	ב	ג	ד	ה	ו	ז	ח	ט						
	לג	אונאה	א	ב	ג	ד	ה										
נוק' דז"א	לד	תיקון הנוקבא	א	ב	ג	ד	ה	ו	ז								
	לה	הירח	א	ב	ג	ד	ה										
	לו	מעוט הירח	א	ב	ג	ד											
	לז	יעקב ולאה	א	ב	ג	ד	ה										
	לח	לאה ורחל	א	ב	ג	ד	ה	ו	ז	ח	ט						
	לט	מ"ן ומ"ד	א	ב	ג	ד	ה	ו	ז	ח	ט	י	יא	יב	יג	יד	טו
	מ	פנימיות וחצוניות	א	ב	ג	ד	ה	ו	ז	ח	ט	י	יא	יב	יג	יד	טו
	מא	חשמל	א	ב	ג												
אבי"ע	מב-א	דרושי אבי"ע	א	ב	ג	ד	ה	ו	ז	ח	ט	י	יא	יב			
	מב-ב	כללות אבי"ע	א	ב	ג	ד											
	מג	ציור עולמות אבי"ע	א	ב	ג	ד											
	מד	שמות	א	ב	ג	ד	ה	ו	ז								
	מה	מקיפין	א	ב	ג	ד											
	מו	כסא הכבוד	א	ב	ג	ד	ה	ו									
	מז	סדר אבי"ע	א	ב	ג	ד	ה	ו									
	מח	קליפות	א	ב	ג	ד											
	מט	קליפת נוגה	א	ב	ג	ד	ה	ו	ז	ח	ט						
	נ	קיצור אבי"ע	א	ב	ג	ד	ה	ו	ז	ח	ט	י					

טבלת ערכים

עׁולמות	אדם קדמון	אצילות	בריאה	יצירה	עשיה
פרצופים	ע"י וא"א	אבא	אמא	ז"א	נוקבא
ספירות	כתר	חכמה	בינה	חג"ת נה"י	מלכות
יו"ה	קוץ של י'	י	ה	ו	ה
אורות	יחידה	חיה	נשמה	רוח	נפש
מלוי	שורש הוי"ה	ע"ב - יוד הי ויו הי	ס"ג - יוד הי ואו הי	מ"ה - יוד הא ואו הא	ב"ן - יוד הה וו הה
תנת"א	שורשים	טעמים	נקודות	תגין	אותיות
נקודות	קמץ	פתח	צרי	סגול, שורה, חולם חיריק, קבוץ, שורוק	אין ניקוד
אדם	גולגולתא	מוח ימין	מוח שמאל	גוף וברית	עטרת היסוד
מל"ץ	מ - מקיף, יחידה	ל - מקיף, חיה	מוח	לב	כבד
שנגלי"ה	שורש	נשמה	גוף	לבוש	היכל
רי"ב פרצופים	ער"ן ואר"ן	אר"א עלאין	ישסו"ת	זו"ן	יעו"ר
כל צמא	אורות	מוחין	צלמים	לבושים	כלים
אברים	מוח	עצמות	גידין	בשר	עור
חושים	מוח	ראיה	שמיעה	ריח	דיבור
מחצבים	א"ס	ספירות	נשמות	מלאכים	חושך
צלם	מ' מקיף ב'	ל' מקיף א'	צ' מוח	צ' לב	צ' כבד
דחצ"מ	אלוקות	מדבר	חי	צומח	דומם
יסודות	יולי	מים	אש	רוח	עפר
רקיעים	ערבות	ערבות	ערבות	מכון, מעון, זבול שחקים, רקיע	וילון
גלגלים	גלגל השכל	גלגל היומי	מזלות	ככבים	לבנה
היכלות	קודש קודשים	קודש קודשים	קודש קודשים	אהבה, זכות, רצון, נוגה, עצם השמים, לבנת הספיר	לבנת הספיר
מלוי הוי"ה		מו - וד י יו י	לז - וד י או י	יט - וד א או א	כו - וד ה ו ה
אהי"ה		קס"א - אלף הי יוד הי	קס"א - אלף הי יוד הי	קמ"ג - אלף הא יוד הא	קנ"א - אלף הה יוד הה

תרשים ד - א

בעקודים המלכות יצאה ראשונה
והאחרון יצא הכתר

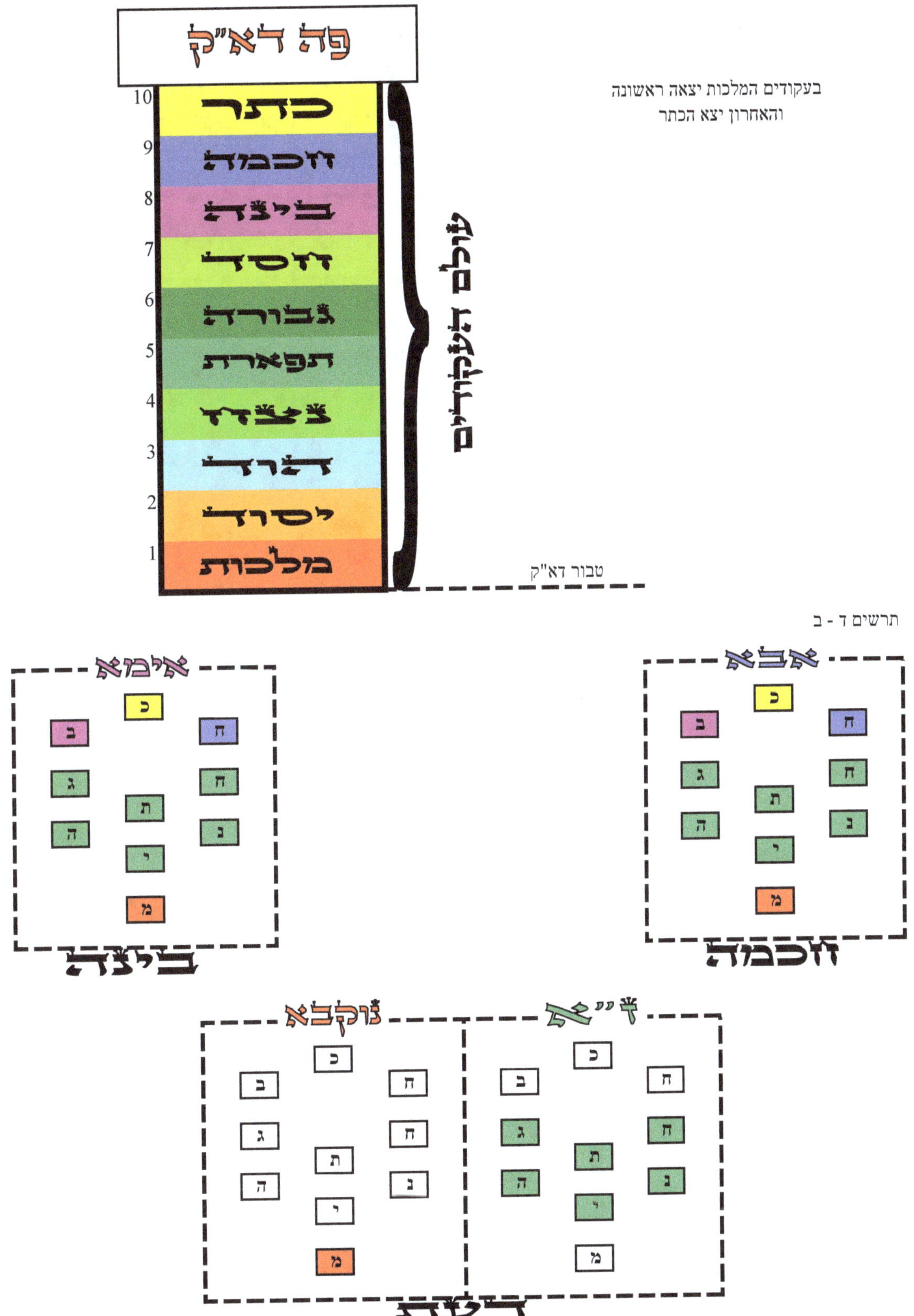

תרשים ד - ב

סידור רתובות הנהר – שחרית   צח

ויאמר הקרבנות ויכוין כי ההיכלות העולים בקרבנות הם הכלים חיצוניים דז"מ דכ"א מז"מ.

יום א' דמלך א' **בלע:** דבלע, דיובב, דחושם, דהדד בן הדד, דשמלה, דשאול, דבעל חנן.

יום ב' דמלך ב' **יובב:** דבלע, דיובב, דחושם, דהדד בן הדד, דשמלה, דשאול, דבעל חנן.

יום ג' דמלך ג' **חושם:** דבלע, דיובב, דחושם, דהדד בן הדד, דשמלה, דשאול, דבעל חנן.

יום ד' דמלך ד' **הדד בן בדד:** דבלע, דיובב, דחושם, דהדד בן הדד, דשמלה, דשאול, דבעל חנן.

יום ה' דמלך ה' **שמלה:** דבלע, דיובב, דחושם, דהדד בן הדד, דשמלה, דשאול, דבעל חנן.

יום ו' דמלך ו' **שאול:** דבלע, דיובב, דחושם, דהדד בן הדד, דשמלה, דשאול, דבעל חנן.

ביום ר"ח: **יכוין** כי הם דבל ז' מלכים דז' מלכים דבלע, יובב, חושם, הדד בן בדד, שמלה, שאול דאריך יום א' דר"ח בפנימיות ויום ב' דר"ח בחיצוניות. [1]

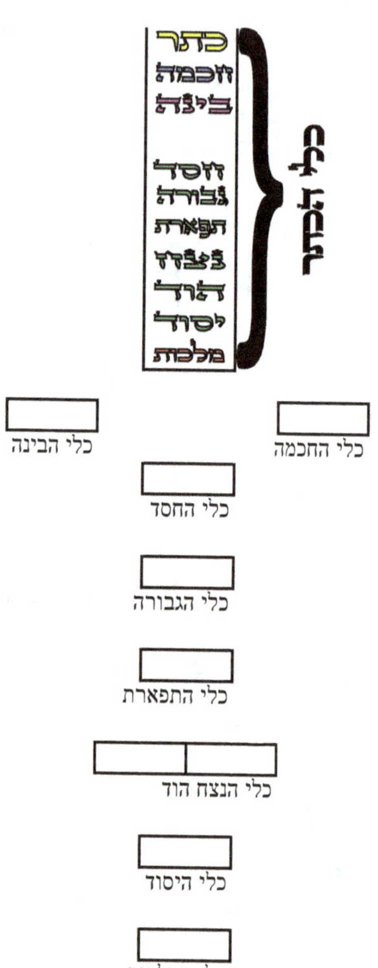

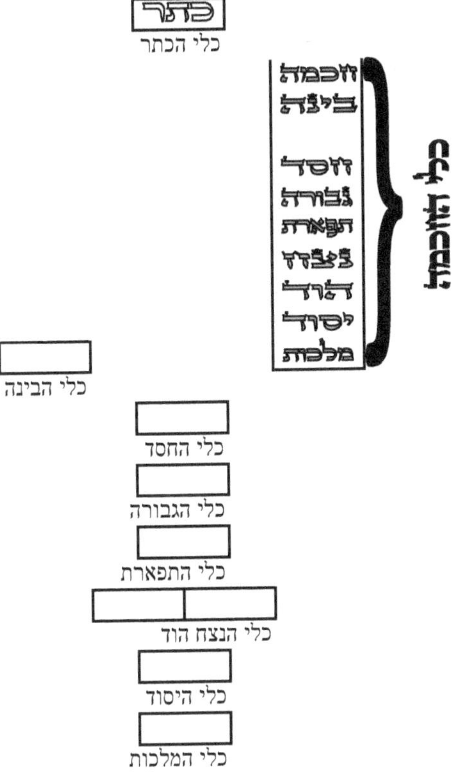
כתר
כלי הכתר
חכמה
בינה
חסד
גבורה
תפארת
נצח
הוד
יסוד
מלכות
כלי החכמה
כלי הבינה
כלי החסד
כלי הגבורה
כלי התפארת
כלי הנצח הוד
כלי היסוד
כלי המלכות

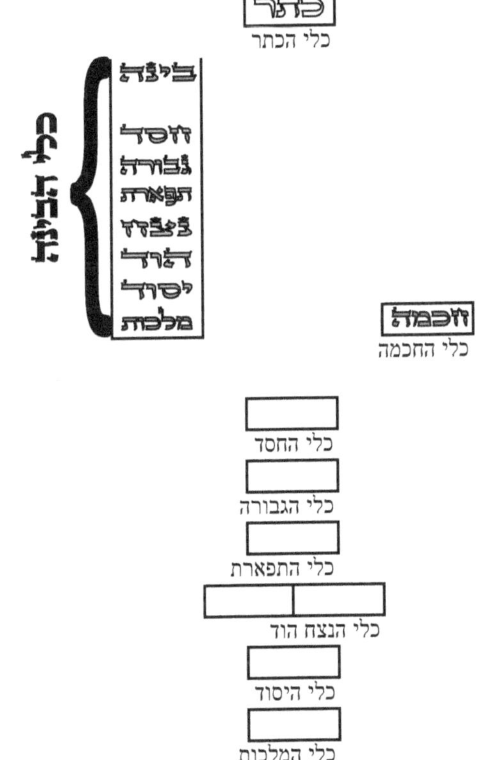
כתר
כלי הכתר
בינה
חסד
גבורה
תפארת
נצח
הוד
יסוד
מלכות
כלי החכמה
חכמה
כלי החכמה
כלי החסד
כלי הגבורה
כלי התפארת
כלי הנצח הוד
כלי היסוד
כלי המלכות

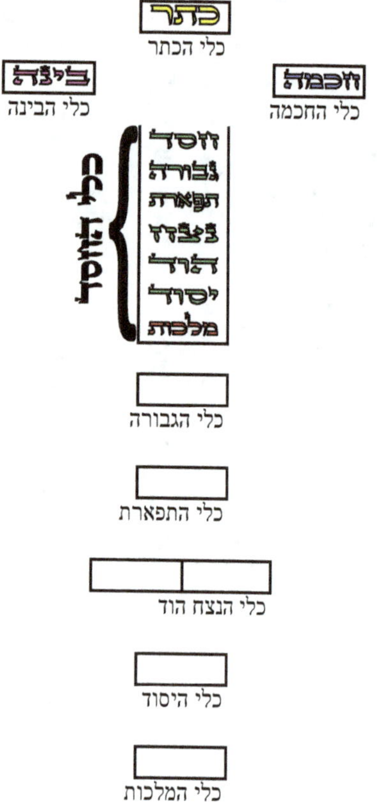

כתר
כלי הכתר
בינה
כלי הבינה
חכמה
כלי החכמה
חסד
גבורה
תפארת
נצח
הוד
יסוד
מלכות
כלי הגוף
כלי הגבורה
כלי התפארת
כלי הנצח הוד
כלי היסוד
כלי המלכות

כתר
כלי הכתר
בינה
כלי הבינה
חכמה
כלי החכמה
חסד
כלי החסד
גבורה
כלי הגבורה
תפארת
כלי התפארת
נצח הוד
כלי הנצח הוד
יסוד
כלי היסוד
מלכות
כלי המלכות

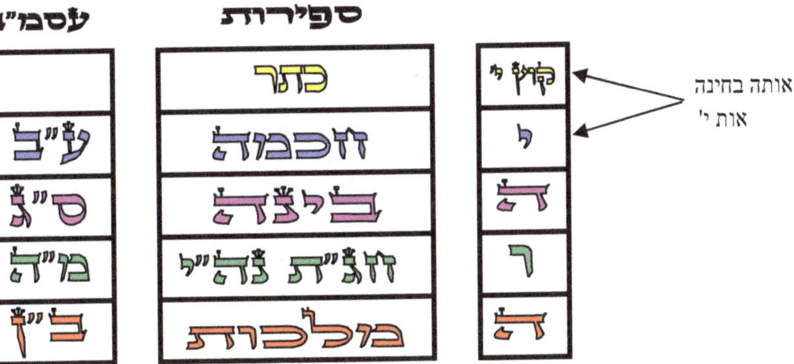

תרשים ד - י"א

יכוין לברר כלים חיצוניים נה"י דמלכים ולהעלותם (עם פנימיות עשיה דאצילות, ובירורי יסוד ומלכות יהוד ונצח ות"ת ונבורה וחסד דהיכלי לבנת הספיר ועצם השמים ונוגה ורצון זכות ואהבה), עם נפש שלו, וחיצוניות עשיה (דאצילות) פנימים ומקיפים להיכל ק"ק כמב"ד דז"א דעשיה דכל פרצוף,

ולברר חלקי כמב"ד דכמב"ד דמלכים דכל פרצוף,

(ולהעלותם לכחב"ד דא"א, וא"א ונוק', ועתיק ונוק' דעשיה דאצילות המלובשת בעשיה התחתונה, ולזווגם איה"היוה"ה)

ולהמשיך להם חלקי מוחין פנימים ומקיפים עם חלקי נרנח"י דנח"י דנפש.

תרשים ד - י"ב

פרשת וישלח

שם המלך	עירו	שם המלך שמת
בלע בן בעור	דנהבה	בלע
יובב בן זרח	מבצרה	יובב
חשם	התמני	חשם
הדד בן בדד	עוית	הדד
שמלה	ממשרקה	שמלה
שאול	מרחובות הנהר	שאול
בעל חנן בן עכבור		
הדר	פעו	

דברי הימים

שם המלך	עירו	שם המלך שמת
בלע בן בעור	דנהבה	בלע
יובב בן זרח	מבצרה	יובב
חושם	התמני	חושם
הדד בן בדד	עיות	הדד
שמלה	ממשרקה	שמלה
שאול	מרחובות הנהר	שאול
חנן בן עכבור		בעל חנן
הדד	פעי	הדר

תרשים ד - י"ג

תרשים ד - י"ד

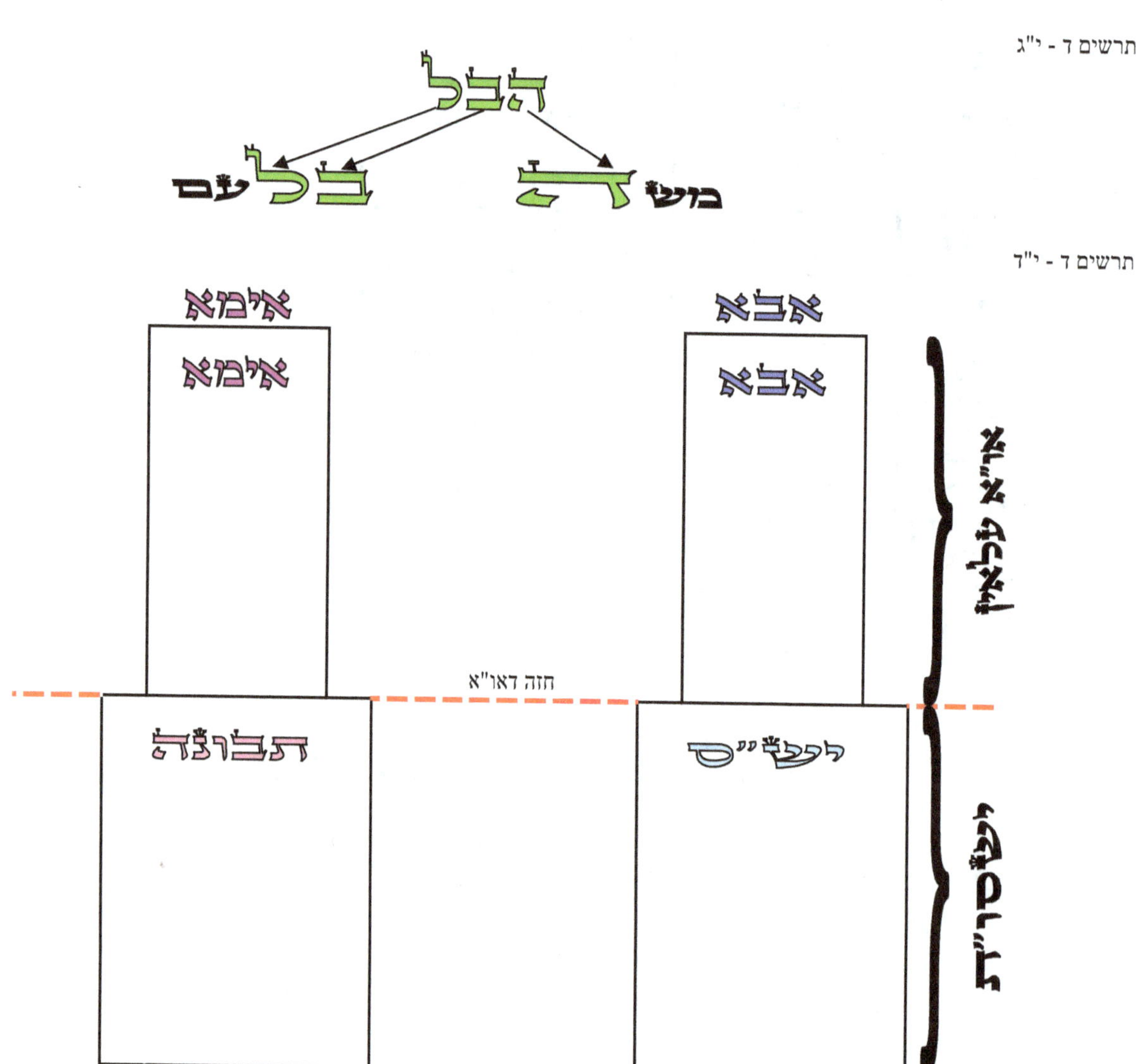

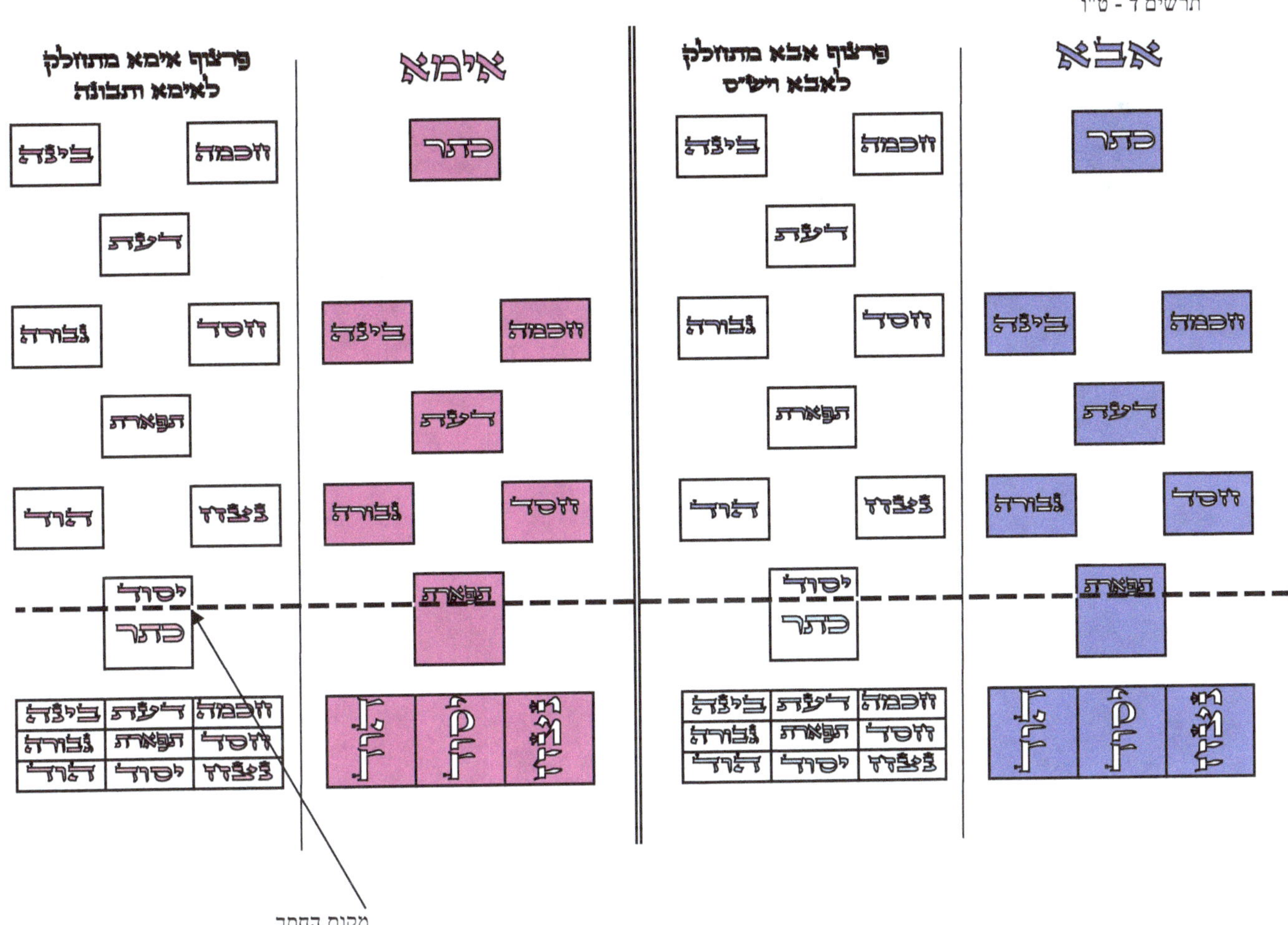

ולדמות הנס״י לנס״י

תרשים ד - י"ז

יוד, יוד הי, יוד הי ויו, יוד הי ויו הי

אלף הי יוד הי

משה

לְכָל חַי רָצוֹן

ר"ת רחל ג' ב"פ דמעה שהם ב' כוחות הדין ש"ך ופ"ר.

ויכוין להמשיך הארה מהרצון העליון שהוא יסוד דאבא ריבוע ע"ב

יוד, יוד הי, יוד הי ויו, יוד הי ויו הי

ומיסוד דאימא שהוא שם קס"א

אלף הי יוד הי

להמתיק את רחל וב' הדמעות הנזכרים

רזזל

מ נ צ פ כ פ"ר

דין דין דין דין דין ש"ך

ויכוין להמשיך שפע מזון וברכה רבה לכל העולמות